HHU ALUMNI

·河海大学校友丛书·

南水北调工程中的河海人

主　编　郭继超
副主编　魏有兴　姜海霞　王　方

河海大学出版社
HOHAI UNIVERSITY PRESS
·南京·

图书在版编目(CIP)数据

南水北调工程中的河海人 / 郭继超主编. -- 南京：河海大学出版社，2023.11
ISBN 978-7-5630-8373-2

Ⅰ.①南… Ⅱ.①郭… Ⅲ.①水利工程－工程技术人员－先进事迹－南京 Ⅳ.①K826.16

中国国家版本馆 CIP 数据核字（2023）第 186308 号

书　　名	南水北调工程中的河海人 NANSHUIBEIDIAO GONGCHENG ZHONG DE HEHAIREN
书　　号	ISBN 978-7-5630-8373-2
责任编辑	成　微
责任校对	俞　婧
装帧设计	徐娟娟
出版发行	河海大学出版社
地　　址	南京市西康路1号(邮编:210024)
电　　话	(025)83737852(总编室) (025)83722833(营销部)
经　　销	江苏省新华发行集团有限公司
排　　版	南京布克文化发展有限公司
印　　刷	南京迅驰彩色印刷有限公司
开　　本	718 毫米×1000 毫米　1/16
印　　张	14.5
字　　数	253 千字
版　　次	2023 年 11 月第 1 版
印　　次	2023 年 11 月第 1 次印刷
定　　价	68.00 元

编 委 会

主　编　郭继超
副主编　魏有兴　姜海霞　王　方
编　委　张春平　柏　蓉　张　然　李婉婷

总序

我非常高兴地为这套介绍河海大学校友及其事迹的丛书作序。

在这套丛书人物中,有我敬仰的老师、学长和革命前辈,有我熟悉的同事和战友,也有我执教过的弟子和层出不穷的后生。他们自身成长历程中的每一次选择和每一个进步,都表现出极高的综合素质,践行着"艰苦朴素、实事求是、严格要求、勇于探索"的优良校训,都从某个侧面生动地体现了我国水利水电交通建设以及其他各项事业的历史进展过程,折射出河海精神的光芒;他们以强烈的事业心和高度的责任心,理论联系实际,不断开拓创新,用智慧与汗水,在各自的工作岗位上,为促进我国经济社会发展、构建和谐社会作出了重要的贡献。

河海大学自1915年建校以来,毕业生已达9万余人。这套丛书尽管收集的是部分校友代表,但传递给我的信息是十分明确的:河海校友坚持做人、做事、做学问相统一,他(她)们不仅在有水的地方贡献着聪明才智,而且在市场开发、商务咨询、文学、艺术等其他方面展示才华,自主创业,同样有不俗的表现。这是河海大学宝贵的精神财富,是学校长期坚持正确的办学方向所取得的丰硕成果,同时,也为学校的历史写下了新的灿烂的一页。

我觉得学校组织出版这类比较全面地介绍校友成长事迹的丛书,是很有意义的。我充分相信河海学子能从这套丛书中得到启迪,受到鼓舞,益于自身的健康成长与成才。我衷心希望我们的学校百尺竿头,更进一步,为国家和社会培养出更多更优秀的人才。

2005 年 9 月

序言

水是经济社会发展的基础性、先导性、控制性要素,是国家发展战略的重要支撑。水资源格局,影响和决定着经济社会发展格局。我国水资源时空分布极不均衡,呈现夏汛冬枯、北缺南丰的基本水情。党的十八大以来,习近平总书记站在中华民族永续发展的战略高度,提出"节水优先、空间均衡、系统治理、两手发力"的治水思路,确立国家"江河战略",擘画国家水网重大工程,推动加快构建国家水网主骨架和大动脉,推进重点水源、灌区、蓄滞洪区建设和现代化改造。

作为国家水网的骨干部分,南水北调工程是跨流域跨区域配置水资源的骨干工程,也是重大战略性基础设施。习近平总书记曾多次指出,南水北调是国之大事、世纪工程、民心工程,功在当代,利在千秋。2020年,习近平总书记考察江苏、亲临江都水利枢纽时强调,确保南水北调东线工程成为优化水资源配置、保障群众饮水安全、复苏河湖生态环境、畅通南北经济循环的生命线。2021年5月14日,习近平总书记在河南省南阳市主持召开推进南水北调后续工程高质量发展座谈会时指出,水是生存之本、文明之源;南水北调工程事关战略全局、事关长远发展、事关人民福祉;要从守护生命线的政治高度,切实维护南水北调工程安全、供水安全、水质安全。

迄今为止,全世界40多个国家有400多项调水工程,但输水线路之长、穿越河流之多、工程涉及面之广,还没有哪一项工程能比得上南水北调工程。它承担着构建"南北调配、东西互济"水资源优化配置格局的重要任务,打破了地理单元的局限性,通过东、中、西三条调水线路,沟通长江、淮河、黄河、海河四大流域,形成"四横三纵"国家水网主骨架和大动脉。在此基础上,统筹考虑区域水网和地方水网建设,科学合理实施水资源配置,助力形成覆盖全国主要地区的"系统完备、安全可靠,集约高效、绿色智能,循环通畅、调控有序"的国家水网,为实现水资源空间均衡布局提供物理基础,为经济社会高质量发展、实现中华民族伟大复兴提供重要支撑。

自2002年12月27日正式开工,历经数十年建设,南水北调工程取得了历史性成就、发生了历史性变革,工程建设运营管理体制机制不断健全,东、中线一期工程全面建成通水,综合效益持续有效发挥。截至2023年9月,已累计调水650多亿立方米,成为沿线40多座大中城市280多个县市区的重要水源,直接受益人口超过1.76亿人。其中,"南水"已占北京城区供水的75%,占天津城区供水的99%;河北省黑龙港流域500多万人告别了长期饮用高氟水、苦咸水的历史。工程从根本上扭转了自20世纪70年代以来华北地区地下水水位逐年下降的趋势,助力京杭大运河连续多年实现全线水流贯通。南水北调工程有效缓解了华北地区水资源短缺问题,为京津冀协同发展、黄河流域生态保护和高质量发展等重大国家战略实施提供了有力的水资源支撑和保障。

这是一条跨越数十年的世纪之河,这是一条绵延数千里的生命之水。它编织起"四横三纵"中国水网,将神州大地浸润得人水和谐,幸福美好!一代代建设者栉风沐雨、星夜兼程,历尽千辛万苦、踏遍千山万水,以愚公移山的勇毅、水滴石穿的坚劲,在治水战斗中逢山开路、遇水架桥,让这条千里"绿色长廊"实现一泓碧水永续北送。

作为中国共产党领导人民改造自然、造福人民的伟大奇迹,南水北调工程不仅是水利工程建设的不朽丰碑,也是社会主义精神文明的杰出典范。它所凝聚而成的南水北调精神是"四个自信"的生动写照,与当代中国精神紧密相连,充分彰显了当代中国精神,有力践行了社会主义核心价值观,全面体现了中国特色社会主义制度的优越性。

南水北调借南方之水,解北方之渴,实现了"南北共饮一江水"的梦想,是习近平总书记"两山"理念的有力实践,也是"人与自然和谐共生"中国式现代化的时代响应。数十万建设者攻克了一个又一个世界级难题,它的背后隐藏着一系列"创新密码":世界最大输水渡槽、首次隧洞穿越黄河、世界最大规模现代化泵站群等。如今,南水北调后续工程弦歌不辍,2023年2月18日,南水北调中线引江补汉工程正式进入主体隧洞施工。工程建成后,将连接南水北调工程与三峡工程两大"国之重器",进一步打通长江向北方输水通道,提高南水北调中线工程供水保障能力和汉江流域水资源调配能力,同时连通长江、汉江流域与华北地区三地,形成新的水网格局。

长期以来,一批批河海人投身于南水北调建设事业,为工程的建成运行做出了突出贡献,如原国务院南水北调工程建设委员会办公室主任张基尧,以及活跃在工程的规划、设计、施工、管理等各环节的一大批河海人。为了深入挖掘大国重器中的河海故事,讲述和传播河海人精神,用身边的人和事激励广大师生,在建设世界一流高水平特色研究型大学的进程中凝聚河海力量、塑造河海形象、振奋河海精神,近年来,在校领导的关心指导下,在广大校友的鼎力支持下,学校陆续组织出版了《港珠澳大桥工程建设中的河海校友》等校友丛书,打造了一堂生动别样的"大思政课",得到了社会各界的高度好评,取得了良好的育人效果。

  建设者的汗水与辛劳,奉献者的付出与牺牲,千千万万名水利人,组成了南水北调的英雄群雕!亲身见证,与有荣光,我们充满期待,能续写更多的河海传奇!

2023 年 10 月

南水北调回顾与思考

原国务院南水北调工程建设委员会办公室主任、党组书记
张基尧

水乃生命之源、万物之母，盛世治水，泽被后人。从大禹治水开始，治水成为历朝历代治国安邦的大事，故而留下了许多举世闻名的水利工程。我国古代修建的灵渠、都江堰、大运河、丰兖渠等，历经千百年，至今依然发挥重要作用，在世界水利建设史上占有十分重要的地位。新中国成立以后，党和政府高度重视水利事业。在党的领导下，广大人民群众以坚定的革命意志和忘我的奉献精神，掀起兴修水利的热潮，修建了以有"人工天河"之称的红旗渠及人民"治黄""治淮"为代表的大量水利工程。改革开放以来，随着经济社会的快速发展，国家综合国力日趋雄厚，党和政府又审时度势，适时决策和实施了长江三峡和南水北调等重大工程建设，将"高峡出平湖"和"南方水多，北方水少，如有可能，借点水来也是可以的"的宏伟设想变为现实。

兴修水利是功在当代、利在千秋、艰辛开拓的事业。新中国的水利建设史，就是一部中国人民的辛勤奋斗史、无私奉献史，集中体现了中国人民的勤劳、勇敢和智慧，融注了一代又一代水利工作者和建设者的心血与汗水。可以说，新中国水利事业发展的历史，同样承载了中华民族伟大复兴的中国梦。

很幸运，我这一生与水结缘，始终奋斗在水利建设的第一线。1967年从河海大学（原华东水利学院）毕业后，在近50年的工作生涯中，虽然工作几经调整，但我始终没有脱离水利、水电建设领域。回顾我从事水利、水电建设的历程，有很多人和事难以忘怀，其中最难忘的则是2003年至2010年主持南水北调工程建设的经历。之所以难忘，是因为这个工程是人类有史以来规模最大的水利工程，也是我的水利工作生涯中任务最艰巨、挑战最大、心血付出最多的工程。在这一工程中，我和很多同志并肩战斗，在南水北调事业中结下深厚的友谊，度过一段激情燃烧的岁月。

1996年，我到水利部工作后曾分管水利规划计划及工程建设管理方面的工作，南水北调前期工作规划便成了我工作范围之内的事。2003年南水北调工程开工后，我又受命组建国务院南水北调工程建设委员会办公室，从事南水北调东、中线一期工程建设的政策研究、管理机构组建、工程建设管理、丹江口库区移民试点以及东线工程水污染治理等几项工作。十几年来我参加并见证了南水北调工程像一个婴儿一样的孕育、培养与成长的过程，经历了它成长中的困难与挫折、幸福与喜悦。我已将自己的事业与感情和南水北调工程联系在一起，如同战士与战场一样难舍难分。2010年8月，我虽然已经退出南水北调工程建设第一线，但我仍然依恋、关注着南水北调工程，也想把这些年来自己工作的所感、所想留下来。因此，当中央党史研究室的同志向国务院南水北调工程建设委员会办公室提出，请我忆述南水北调这一重大工程的决策和建设过程时，经过认真考虑，我接受了他们的建议。

南水北调是一项缓解北方地区水资源短缺、优化我国水资源配置、改善北方地区生态环境的跨流域、跨地区战略性调水工程。它不是仅单一工程建设，还涉及水污染治理、移民搬迁、地下水控采、文物和环境保护等方方面面，时间和地域跨度都很大，在决策和建设过程中，面临的困难和问题很多，也很棘手，在解决这些问题过程中积累的经验教训也很多。正因如此，对这项特大型水利工程进行回顾，不仅有助于今后水利工程的决策和建设，也能给其他重大工程提供借鉴。

习近平总书记指出，历史是最好的教科书，是最好的老师，是最好的营养剂和清醒剂。作为一名老水利工作者，既然历史在南水北调这样一个重大工程建设中给予我难得的机遇，我认为我有责任将我的所见所闻、所思所想记录下来，为水利建设史、改革开放史的研究提供第一手素材。本着这样的目的，我秉持实事求是的态度，立足我从事南水北调工作的时段，尽力将回顾和总结建立在查阅档案、资料、会议记录和广泛征询相关同志意见的基础上，朝着求真求实、求善求美的目标努力。当然，历史是错综复杂的，受所掌握材料、所接受信息的限制，我可能强调了这一方面，忽略了那一方面；可能强调了宏观，忽略了微观；可能强调了中央的决策，忽略了地方的实施，甚至还可能会在不少地方留下自己主观的痕迹。但我想，对于这些问题，读者会有更睿智的眼光、公正的态度和理性的认识。

继2013年11月15日南水北调东线一期工程正式通水运行后，2014年12月12日，南水北调中线工程正式通水。至此，在历经十几年艰辛建设与努力之后,东、中线一期工程全面建成通水,南水北调工程迎来历史性时刻。此前,南水北调工程就已开始发挥社会和经济效益。自2008年9月从河北应急调水入京开始,截至2014年4月已四次调冀水入京,通过南水北调中线京石段工程累计入京水量16.1亿立方米,缓解了首都水资源紧缺问题。2014年河南平顶山遭遇严重旱灾,南水北调工程向平顶山应急调水,有效缓解了城区100多万人的供水紧张状况。南水北调东线济平干渠以及三阳河、潼河、宝应抽水站工程,已率先发挥防洪排涝作用。

精彩的开端已经创造,美好的画卷正在展开。随着工程建设任务的相继完成,运行管理的不断完善,南水北调工程在解决我国水资源分布不均、北方地区生态环境持续恶化、水资源供需矛盾日益突出的问题上,将发挥越来越大的作用,其社会经济生态效益将日益凸显。

本文摘自张基尧著作《南水北调回顾与思考》前言(中共党史出版社,2016年)

扎实推进南水北调后续工程高质量发展

中国南水北调集团有限公司党组书记、董事长
蒋旭光

习近平总书记在推进南水北调后续工程高质量发展座谈会上的重要讲话中，充分肯定南水北调工程的重大意义，系统总结实施重大跨流域调水工程的宝贵经验，明确提出继续科学推进实施调水工程的总体要求，对做好南水北调后续工程的重点任务作出全面部署。习近平总书记的重要讲话，为扎实推进南水北调后续工程高质量发展指明了方向、提供了根本遵循，中国南水北调集团有限公司（以下简称"中国南水北调集团"）要深入贯彻落实。

切实增强政治责任感和历史使命感

南水北调工程是实现我国水资源优化配置、促进经济社会可持续发展、保障和改善民生的重大战略性基础设施。党的十八大以来，南水北调东线、中线一期主体工程建成通水，已累计调水近500亿立方米，直接受益人口达1.4亿，在经济社会发展和生态环境保护方面发挥了重要作用。

习近平总书记指出："进入新发展阶段、贯彻新发展理念、构建新发展格局，形成全国统一大市场和畅通的国内大循环，促进南北方协调发展，需要水资源的有力支撑。"推进南水北调后续工程高质量发展，对于进一步提高我国水资源支撑经济社会发展能力，优化国家中长期发展战略格局具有重要意义。中国南水北调集团在保障国家水安全、改善生态环境等方面肩负着重要责任、发挥着重要作用。我们一定要不断提高政治判断力、政治领悟力、政治执行力，切实增强做好南水北调工作的政治责任感和历史使命感，心怀"国之大者"，在高质量推进南水北调后续工程、加快构建国家水网中发挥好国家队、主力军作用，确保向党和人民交出一份满意答卷。

牢牢把握推进南水北调后续工程高质量发展的内在要求

推进南水北调后续工程高质量发展,必须完整、准确、全面贯彻新发展理念,统筹发展和安全,坚持"节水优先、空间均衡、系统治理、两手发力"的治水思路,遵循确有需要、生态安全、可以持续的重大水利工程论证原则,立足流域整体和水资源空间均衡配置,科学推进工程规划建设。

坚持以人民为中心。当前,人民群众对美好生活的需要日益增长,对优质水资源、健康水生态、宜居水环境的需求也在不断提升。近年来,居民生活用水和生态环境用水呈增长态势,受水区对南水北调的供水需求进一步提升。必须坚持加强供需趋势分析研判,更加精确精准调水,促进已建工程提质增效,推进后续工程规划建设,让人民群众享有更加安全、更加可靠、更加优质的水资源。

全力服务国家战略。这些年,我国经济总量、产业结构、城镇化水平等显著提升,京津冀协同发展、长江经济带发展、长三角一体化发展、黄河流域生态保护和高质量发展等区域重大战略相继实施,这些都对加强和优化水资源供给提出了新的要求。我们要准确把握南水北调东线、中线、西线的各自特点,加强顶层设计,优化战略安排,统筹推进后续工程建设。

坚决守住安全底线。推进南水北调后续工程高质量发展,必须牢固树立总体国家安全观,坚定不移把安全作为重中之重,坚持底线思维,增强风险意识,把安全工作做深入做扎实,确保南水北调工程安全、供水安全、水质安全。

统筹调水节水。高质量推进南水北调后续工程,调水、节水同等重要。要积极响应国家节水行动,在工程规划论证中加强节水评估,积极协调推进南水北调供水价格改革,着力促进优水优用、节约用水,不断提高水资源集约节约利用水平。

坚持绿色发展。推进南水北调后续工程高质量发展,必须牢固树立绿色发展理念,充分尊重自然、顺应自然、保护自然,加强水源区和沿线地区生态环境保护,科学布局调水线路、合理确定调水规模、精准把握调水时序,促进生态环境改善。

做到"两手发力"。推进南水北调后续工程高质量发展,必须做到政府和市场两手发力,充分发挥市场在资源配置中的决定性作用,更好发挥政府作用。建立完善现代企业制度,理顺南水北调工程建设运营体制机制,推进水价和水费收缴机制改革,建立合理回报机制,引导和支持更多社会资本参与工程投资运营。

坚持创新驱动发展。习近平总书记指出:"抓住了创新,就抓住了牵动经济社会发展全局的'牛鼻子'。"南水北调东、中线一期工程在建设期间积累了一大批科技创新成果。推进南水北调后续工程高质量发展,必须坚持把创新作为引领发展的第一动力,全面加强科技创新、管理创新、制度创新,努力培养造就一批战略科技人才、科技领军人才、青年科技人才和创新团队。

在推进南水北调后续工程高质量发展中积极担当作为

中国南水北调集团成立以来,深入学习贯彻习近平总书记重要讲话、重要指示批示精神和党中央决策部署,全面对接国家重大发展战略,对接水利部总体工作安排,找准目标定位和发展方向,积极担当作为,扎实推进南水北调后续工程高质量发展。

办好"国之大事"。习近平总书记指出:"南水北调工程事关战略全局、事关长远发展、事关人民福祉。"南水北调是"国之大事",推进南水北调后续工程高质量发展,必须以政治建设为统领,坚持和加强党的全面领导,切实增强"四个意识"、坚定"四个自信"、做到"两个维护",进一步加强顶层设计,优化战略安排,统筹推进后续工程建设。

把安全责任扛在肩上。牢固树立总体国家安全观,坚定不移把维护南水北调工程安全、供水安全、水质安全的责任扛在肩上,既重视已建工程运行安全,又重视后续工程建设安全,建立健全统一高效的水资源配置和调度运行机制,探索建立生态补水长效机制,充分发挥南水北调工程的社会、经济、生态效益。

加快构建国家水网。中国南水北调集团以全面提升水安全保障能力为目标,以优化水资源配置体系、完善流域防洪减灾体系为重点,加快构建国家水网主骨架和大动脉。充分利用自身优势,不断延展水网布局,积极参与区域水网、地方水网建设,助力形成"系统完备、安全可靠,集约高效、绿色智能,循环通畅、调控有序"的国家水网。

聚焦主责主业。围绕推进南水北调后续工程高质量发展,着力延长水产业链、生态环保产业链、工程建设运营产业链,不断做大做强集团公司和国有资本。充分利用新技术提高数字化、网络化、智能化能力水平,构建数字赋能平台,推动数字化与水产业链、工程建设运营产业链等深度融合。

建设国际一流企业。以打造国际一流跨流域供水工程开发运营集团化企业为目标,全面盘活存量资产、优化增量配置,高标准推进国企改革三年行动,建立健全中国特色现代企业制度。努力打造调水行业龙头企业、国家水网建设领军企业、水安全保障骨干企业,全面提升企业竞争力、创新力、控制力、影响力和抗风险能力,锻造一流工程、一流企业、一流品牌,充分展现水资源宏观配置的中国速度和中国力量。

本文为《人民日报》2021年10月22日署名文章

目录

学识于河海，践行于南水北调
　　——记港口航道与海岸工程专业2010届本科生校友王瑶 …… 1

在挑战中成就更好的自己
　　——记水利工程专业2018届硕士生校友毛颢淳 …… 6

山长水阔日日"新"，碧水北流年年"盛"
　　——记水利水电工程专业2009届本科生校友卞新盛 …… 11

诊察工程　把脉江河
　　——记水文与水资源工程专业2013届本科生校友孔凡奇 …… 15

水调歌头　源远流长
　　——记海洋工程水文专业1987届本科生校友邓东升 …… 19

"传"承水利事业　"贞"守水利精神
　　——记农业水利工程专业1996届本科生校友白传贞 …… 26

"敬"事工学昌明时　江河奔腾绘北"洋"
　　——记水灾害与水安全专业2014届硕士生校友刘敬洋 …… 32

逢山开路　遇水架桥
　　——记工程力学专业1995届本科生校友闫海青 …… 38

铿锵巾帼，书写水文"尖兵"的责任担当
　　——记陆地水文专业1991届本科生校友孙正兰 …… 43

五十余载丹江情　毕生耕耘润兆黎
　　——记河川枢纽及水电站建筑专业1963届本科生校友杨小云 ………… 48

伴水而行三十载　国之重器鉴春秋
　　——记水资源规划及利用专业1991届本科生校友吴学春 ………… 56

"淼淼"汉江水,且听后浪翻涌
　　——记工程设计专业2013届本科生校友吴淼 …………………… 63

绘制清晰蓝图,寻求最优答解
　　——记水利水电工程专业2012届本科生校友狄文龙 …………… 68

檀郎谢女,山高水长
　　——记产业经济学专业2009届硕士生校友沈仲铭 ……………… 72

以实际行动践行河海校训
　　——记水工结构工程专业2014届硕士生校友张卫东 …………… 77

坚守水利初心,遇见无限可能
　　——记农业水利工程专业2006届本科生校友张娜 ……………… 82

守护"生命线"　担当调水人
　　——记机械工程专业2014届硕士生校友张浩 …………………… 86

水调歌头　饮水思源
　　——记热能与动力工程专业2006届本科生校友张鹏昌 ………… 90

怀治水初心,以智慧兴水利
　　——记计算机科学与技术专业2003届本科生校友陈丹 ………… 96

绽放河海光芒,看水之子的水文青春
　　——记水文水资源工程专业2006届本科生校友罗兴 …………… 101

平凡的岗位　不平凡的坚守
　　——记环境工程专业2004届本科生校友罗春艳 ………………… 110

"慧"心清如水　风"萍"正相与
　　——记环境工程专业2013届本科生校友罗慧萍……………… 115

心怀山河　披荆斩棘
　　——记水文地质与工程地质专业1991届本科生校友周云……… 120

一腔热血献水利
　　——记水利水电工程建筑专业1990届本科生校友周灿华……… 126

与水结缘，在管理岗上散发光芒
　　——记水利水电工程专业2016届本科生校友钟萍……………… 131

清水碧波"文"章著　须凭"刚"志韧且坚
　　——记水利工程专业1996届本科生校友段文刚………………… 136

不负韶华　"振"守水利
　　——记机械工程及自动化专业2015届本科生校友秦振………… 142

情系江都水利枢纽　做好泵站的守护者
　　——记自动化专业2012届本科生校友徐丹……………………… 147

"向"水而生诉衷情　勇立潮头赤子"红"
　　——记农田水利工程专业1987届本科生校友徐向红……………… 152

献身水利　不负韶华
　　——记水利水电工程建筑专业1995届本科生校友徐惠亮……… 158

四载金陵求学路，多年丹江治水途
　　——记水电站动力设备专业1988届本科生校友徐新民…………… 164

用汗水浇灌梦想，以热爱致敬水利精神
　　——记水利水电专业2013届博士生校友郭卫……………………… 168

年"富"力强　屡创"佳"绩
　　——记热能与动力工程专业2010届本科生校友黄富佳…………… 173

躬身于水利,服务于社会
　　——记水工结构工程专业2009届博士生校友崔皓东………… 181

已识"江湖"大,犹念"河海"情
　　——记陆地水文专业1989届本科生校友樊旭………… 186

秉持初心奉春华,躬耕不辍待秋实
　　——记行政管理专业2011届硕士生校友颜蔚………… 193

"潘"越山海　江河安澜
　　——记水利水电专业1999届本科生校友潘江………… 199

知行合一　守江河安澜
　　——记地理信息系统专业2004届本科生校友魏猛………… 203

学识于河海,践行于南水北调
——记港口航道与海岸工程专业 2010 届本科生校友王瑶

个人简介

王瑶,注册土木工程师,1987 年出生于江苏南京,2010 年本科毕业于河海大学港口航道与海岸工程专业,河海大学商学院工程管理专业硕士研究生在读。2016 年进入南水北调江苏水源公司工作,现任公司安全生产领导小组办公室主管,负责南水北调东线江苏段工程安全运行及公司涉水经营业务的安全管理。荣获公司 2020 年度安全生产先进个人、2021 年度优秀共产党员、2022 年度先进个人等称号,参与项目获 2016 年度江苏省水利科技进步奖一等奖、2020 年度江苏省水利科技进步奖三等奖等多项荣誉。

2020 年 11 月 13 日,习近平总书记视察江都水利枢纽和南水北调工程时指出,党和国家实施南水北调工程建设,就是要对水资源进行科学调剂,促进南北方均衡发展、可持续发展;要继续推动南水北调东线工程建设,完善规划和建设方案,确保南水北调东线工程成为优化水资源配置、保障群众饮水安全、复苏河湖生态环境、畅通南北经济循环的生命线。习近平总书记强调,要把实施南水北调工程同北方地区节约用水统筹起来,坚持调水、节水两手都要硬。

习近平总书记的重要讲话,为南水北调江苏段工程建设运行擘画了蓝图。作为一名年轻的南水北调人,王瑶倍受鼓舞,同时倍感责任重大。身为一名基层安全管理人员,他立足岗位,把安全发展责任意识贯穿南水北调工程建设运行全过程,着力防范和化解各种风险,筑牢安全屏障。作为一名河海大学的毕业生,王瑶把"艰苦朴素、实事求是、严格要求、勇于探索"的校训贯彻到工作的各个方面,把河海人的精神与南水北调工程"负责、务实、求精、创新"的精神相融合,传承精神、发挥本领,不忘初心、砥砺前行。

不忘初心、饮水思源——从校园到工作

回忆在河海大学的学习生活,王瑶印象最深的就是本部2号门附近学生食堂旁边的石刻"饮水思源"。那是他每次上课必经的地方,也是最容易被"忽视"的地标。在王瑶的印象里,它也就半米来高,非常不显眼,只有从2号门方向进入校园时才能看见它的全貌,从其余两条路经过时都只能看见它的侧面。不过毕业之后,当王瑶再回想母校时,这里却是记忆最清晰的,他说:"因为这里镌刻着河海人学习、工作、生活一以贯之的情愫——饮水思源。"

"饮水思源"出自南北朝时期著名文学家庾信的《周五声调曲》中的《徵调曲》,文中写道:"落其实者思其树,饮其流者怀其源。"它揭示出一个深刻的哲理:万事万物都有其发端的根本,都有其所以如此的源头;切断了这个根本和源头,则一切都成了无源之水、无本之木。而这个哲理也深深地刻在王瑶的心里,陪他从校园走到工作岗位。

王瑶说:"南水北调东线之源在江都水利枢纽,河海人之源也许就在这'虎踞''西康'之间。"他感慨道:在河海大学学习生活一段时间后,自然而然会身染河海的底蕴,并且把这种作风发扬到工作中去。他将在学校学来的专业知识转化为自身技能,将校友情谊转化为共同奋斗的动力,将校训精神转化为工作中的准则,这或许就是河海人从校园带到工作中的积淀。

学习强身、不负韶华——从图书馆到学习书吧

王瑶戏称在学校时的自己是一个"书呆子",除了必要的衣食住行,他基本上都在图书馆待着。从江宁校区的逸夫图书馆到本部的图书馆,春夏秋冬都有他的身影,烈日、暴雨、狂风、大雪都没能挡住他到图书馆学习的脚步,他也见证了无数个清晨校友们早起排队进图书馆学习的盛况。也正是这种自我约束和自律意识,让王瑶在自我提升的道路上孜孜不倦。

他说:"学习绝不只是在学校,河海大学更多地教给了我们学习的方向和方法,如何深入学习,将知识落到实处,是我们在工作中要不断摸索的。"南水北调江苏段工程从扬州到徐州,其输水线上的各个现地站所的环境、水位、地质、边界条件均有较大差别,站所的设计条件、工况条件、运行需求也不尽相同,江苏水源公司在建设期和运行期间储备了大量课题与研究运用成果,公司团委组建了"节水护水"青年学习社,又名"学习书吧",在学习室里陈列了南水北调工程从建设到运行的各种资料,为他们了解南水北调的历史、学习专业知识、开阔水利视野、传承匠人精神提供了丰富的精神食粮。同时,公司也积极组织员工进行书籍阅读交流活动,形成互相借鉴、互相学习、互帮互助的学习氛围。王瑶充分利用这些资源,不断丰富自身知识储备。许多像他一样的年轻人在学习中不断提升、在交流中不断成长,成为南水北调事业发展的新鲜血液。

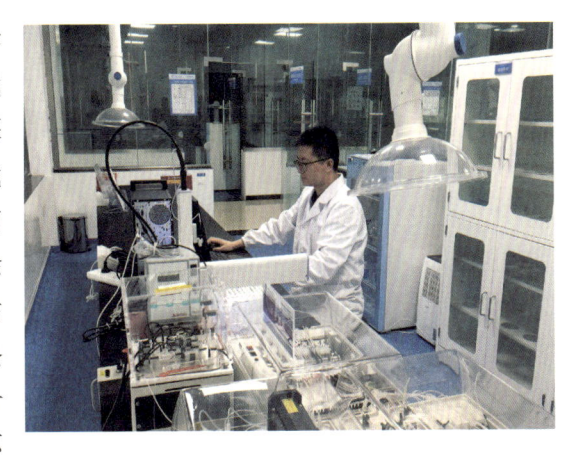

脚踏实地、实干笃行——从"一心""八舍"到现地站所

在大学的前两年里,王瑶住在江南骏园一心楼,生活和学习隔了一条佛城西路;后两年他在本部八舍,从宿舍到北教要走过三个山坡;而现在他在水源公司,从办公室到各个现地站所已不知道累计多少行程。"在学校时,靠的是双脚,过程中是和同学的聊天;在工作中,乘的是汽车,途程中更多的是讨论如何把手中的工作完成好。"王瑶说。

安全生产既是底线,又是红线,更是生命线。南水北调工程是国家重大战略基础设施和重要民生工程,不能有任何疏漏和闪失。在保证安全运行的工作中,王瑶和公司各级安全管理人员与现地站所的运行人员一道压实责任、艰苦朴素、严格要求,齐心协力确保一江清水安全北上。

安全工作有自上而下的部署,亦有自下而上的推动。2013年南水北调江苏段工程通水后,公司的角色也发生了转变,安全管理的重点落在了保障工程的安全运行上。在公司党委的正确领导下,王瑶和同事们一起在创机制、立职责、建制度、控风险、查隐患、强教育等多方面下功夫、做文章,落实每一名员工的安全职责,建立"1+11+36"的安全生产管理制度体系,形成全面的风险分级管控和隐患发现—登记—整改—销号双重预防机制。他们鼓励全员参与安全生产活动,发挥基层员工的主人翁安全意识,开展了"我为公司安全发展建言献策"、"公司安全大家说"及"隐患随手拍"等活动。活动反响热烈,一线人员从工作实际出发,找问题、提建议,形成了人人抓安全、人人懂安全的良好氛围,促使公司的安全水平不断提升。

艰苦朴素、传承使命——从先贤颂到陈列室

当说到西康路校区,王瑶脑海里浮现出的第一个画面便是本部图书馆旁的"华夏水利先贤颂"群雕。群雕景观以古代水利先贤大禹、李冰父子、王景、郭守敬和现代中国水利之父李仪祉等人物的青铜塑像为主体,展示华夏水利先贤们勤劳智慧、无私奉献和勇于创造的治水精神。

这让他联想到了江苏水源公司的陈列室。陈列室位于公司档案馆内,以"一江清水向北流"为主题,共分为源远流长、水韵芳华、鎏金岁月、积厚流光、古风遗韵五个部分,以南水北调工程为重点,以工程建设者为本源,以江苏水源公司发展沿革为主线,展示了南水北调工程建设者的光荣成绩。

他说:"先贤给我们提供了精神引领,而成绩与榜样是推动我们前进的现实动力。南水北调江苏段建设过程中涌现出了很多先进典型,我在这些优秀前辈的指导下也逐渐敢于担当责任,勇于攻坚克难。"工作中让王瑶记忆最深的是在2020年对所辖所有工程的危险源辨识上,他和一线运行人员一道,克服了行业内没有确定指导标准的理论困难,立足风险产生的根源原理、泵站管理中的突出问题,经过9个月的全力奋战,通过驻扎攻关、调研学习、交流讨论、典型示范,分层分级分类梳理工程危险源1000余项,并从技术措施、管理措施、培训教育、个体防护和应急处置等五个方面确定风险管控措施。通过这项工作,王瑶也对护航世界级水利工程的安全更有信心。

牢记使命、勇于探索——从河海大学到南水北调

河海大学的校训是"艰苦朴素、实事求是、严格要求、勇于探索",南水北调精神是"负责、务实、求精、创新",两者不谋而合,与新时代水利精神"忠诚、干净、担当,科学、求实、创新"同宗同源。

在河海大学,王瑶践行校训;在南水北调工程的岗位上,王瑶实践新时代水利精神和南水北调精神。南水北调工程是世界上最大的调水工程。合抱之木,生于毫末;九层之台,起于累土。王瑶坚定地说:"我会不忘初心、牢记使命,继续发扬螺丝钉精神,从工作中的一点一滴着手,在补短板、强监管、保安全工作中做好南水北调人的表率。"

(作　者:李海源　王炳锃)

在挑战中成就更好的自己
——记水利工程专业2018届硕士生校友毛颢淳

个人简介

毛颢淳，全国水利工程专业学位研究生实践优秀成果获得者，2018年河海大学硕士毕业，现任中国南水北调集团东线有限公司（以下简称东线公司）副处长，水利工程专业工程师、系统集成项目管理工程师、高级信息安全工程师。曾参与编写《大中型泵站运行管理规程》（T/CHES 51—2021）、《南水北调东线一期工程运行调度规程》、《南水北调东线泵站工程规范运行管理标准》、《南水北调东线河道（渠道）工程规范运行管理标准》等标准6项，《南水北调东线工程管理标准化研究》《南水北调东线一期工程自动化调度与信息化管理系统总体研究报告》等专著4部。共发表论文4篇，其中SCI检索1篇。

与水结缘的开始

相较于其他水利人的经历，毛颢淳与水结缘的故事颇有一些"传奇色彩"。高中时的他对学习的重要性并没有一个明确的认知，高考成绩不理想的他出于对水的喜爱，选择报考黄河水利职业技术学院。虽然毛颢淳对水利事业抱有足够的热情，但他并不了解自己未来的工作情况与环境。为了更好地了解水文的相关工作，毛颢淳参加了河南当地的一些水文站的考察实习。

水文站的基本工作是枯燥的测算与汇报，而在实习的过程中，毛颢淳了解到，如果以像高中那样随随便便的态度来工作，做好水文站的基本工作都是相当困难的，更不要提日后的职业发展。这次实习，给了毛颢淳很大的震撼，也让他萌生了继续深造的想法,为了谋求更好的发展,他通过专升本考试升入了华北水利水电大学。

升入大学后,新的环境给毛颢淳最大的感受便是眼界得到了极大的开阔,无论是更多的与专家们接触学习的机会,还是更多更好的实习选择,都让毛颢淳确信,自己的选择并没有错。渐渐意识到学习重要性的他决定继续深造,并最终考取了河海大学的研究生。

从专升本到考取河海的研究生再到进入东线公司,在旁人看来,毛颢淳的经历就如同小说般精彩,但也只有他明白这一路走来的辛苦。无论是在准备专升本时,学习新的课程带来的压力,还是在考研时,看着身边同学因找到心仪工作而一个个放弃考研,毛颢淳都会思考自己是否应该坚持。但他也一直认为,最重要的是保持一个积极乐观的态度:我认为工作和学习都需要良好的态度,一件事情无论是积极地做,还是消极地做,其实都能把事情完成,如果是消极地完成,很容易影响个人情绪,因为每个人能承受的负能量是有限的,要学会把那些负能量给消解掉,然后让自己更积极更主动,明白"这事不是别人让我做,是我自己要做,我自己想做"。而毛颢淳也谈到,应该始终对自己的能力保持自信,不要妄自菲薄。硕士毕业前,毛颢淳的想法是继续读博,但他的老师建议他不要放弃招聘的机会,于是毛颢淳最终选择尝试应聘了东线公司。虽然只是抱着尝试一下的心态,但本着既然参加就要好好准备的想法,他通过各种渠道收集公司的相关信息,这为他的笔试带来了很大的帮助,并顺利通过了笔试环节。面试时毛颢淳的两位竞争对手都非常优秀,在学历上也更有优势。"当时我想,这次应该是没戏了,估计要当分母了。"回想起当时的场景,毛颢淳笑着说道:"但是呢,其实仔细思考一下,他们是来找工作的,我也是来找工作的,大家起点其实差不多,想到这里心里反倒放下包袱。"最终毛颢淳以最佳状态完成了面试,当晚便收到了正式的录用通知,顺利加入了东线公司。

"这些事情都说明生活中的不如意十之八九,坚持下来就是成功。"站在人生的新阶段,毛颢淳回望过去的那段生活,感慨万千,"其实也很庆幸自己没有虚度那段时光,没有辜负自己的付出,给了自己一个圆满的答卷。"

学习与沟通是减轻工作压力的关键

进入东线公司后,毛颢淳在多个岗位上参加了南水北调工程的运行维护工作。最开始他在东线公司总调度中心调度管理岗工作。随后因为南水北调东线一期工程北延应急供水工程开始建设,毛颢淳被派往现场从事工程建设管理工作。随着东线公司整体机制体制的改革,他又被调入科技数字化部,负责信息化建设和网络安全工作。而近期他的工作再次变动,从科技数字化部调整到了资产经营部,负责招标采购工作。四个岗位涉及不同的领域,完全可以被看作四个不同方面的工作,巨大的工作跨度与频繁的调整给毛颢淳带来了许多压力。

毕业前,他更想从事与水文专业相关的调度运行工作,把水调好,发挥自己的专业才能,但是来到单位之后,毛颢淳才发现实际工作与自己的想法会有一些出入。比如在从事信息化建设工作时,毛颢淳理解中的信息化建设工作更多的是如何把书本上的模型与知识,架构成一个信息系统,并让它正常运转。但在真正从事了信息化工作之后,毛颢淳发现信息化要操心的不只是一个模型或是一个系统,还需要有掌握相关领域工作的能力。从基础业务到建立系统模型,同时还要考虑系统所在环境的网络和安全要求,数据库的搭建如何符合保密要求……建立模型与系统只是系统建设中的一项工作,这其中还包括了网络通信、计算、存储、平台搭建、业务对接等知识。这让毛颢淳深刻认识到了专业和相关知识的重要性。在工作中,他始终保持主动学习相关专业知识的态度,通过思考信息化建设整体的政策要求以及公司重大研究项目的规划战略意图,很好地完成了项目任务。

作为技术保障人员,毛颢淳认为沟通体现在工作的方方面面。例如在参与东线公司企务管理系统和数字孪生系统建设过程中,他既要将公司意见传达给实施团队,又要将遇到的种种问题和解决建议及时反馈各部门,还要协调好不同实施团队之间的工作交接。做好个人负责的工作这是基础,但如何协调好参建各方之间的工作,达到"1+1>2"的效果,这考验着毛颢淳的沟通能力。毛颢淳说:"每个人的工作都像纽带一样环环相扣、紧密关联。"如今,企务管理系统和数字孪生系统日益完善,这离不开公司各部门的大力支持和参建各方的积极配合,当然,以毛颢淳为代表的一线技术保障人员的努力也同样重要。所谓众人拾柴火焰高,这火焰的本质就是水利人特有的凝聚力。

工作的同时,毛颢淳始终保持着对专业知识的学习,他经常会利用检索平台或是制作爬虫,来搜索与学习一些自己需要的专业知识。除此之外,他经常向自己的同事与前辈们学习,向他们请教学习、工作方法,提高工作效率。正是在这样的不断交流学习的过程中,毛颢淳得以在每个岗位上圆满地完成了自己的工作,为南水北调事业贡献了自己的力量。

在巡河的过程中,他看到了南水北调的另一面

在参与东线一期北岸应急供水工程建设时,毛颢淳总是需要在沿线巡逻,在巡逻过程中,毛颢淳发现河边空地的小广场上经常有附近居民来此喝茶、打牌、跳广场舞等休闲娱乐。在得知毛颢淳是南水北调的建设者后,他们表现得非常激动。在与他们聊天的过程中,毛颢淳了解到:在南水北调工程建设开始之前,这些河道已经由于地下水超采以及气候的变化干涸好多年了,而沿岸的居民仍然会习惯性地将生活污水甚至垃圾倒入其中,以致河道周围臭气熏天,没人愿意靠近。随着南水北调工程的建设,河道重新通了水,河道周围的生态也得到了明显的改善。现在,河岸边随处可见一些水鸟,甚至是白鹭,这些鸟类在河道干涸之前都是很少能见到的。老百姓们看到河水复流,水也清了,便重新开始在河岸边活动。毛颢淳感慨道:"南水北调工程让沿线居民用上了放心水,生活环境得到了改善,生活质量也有了很大提高。"

也是在那一刻,毛颢淳认识到了自己所从事工作的意义:南水北调真正实现了对水资源在空间与时间维度的调配,也实实在在地让每个人都受益了,它的实际效益,也不能单从经济上来计算,它对于生态环境的改善,对满足人民日益增长的美好生活需要和解决不平衡不充分的发展之间的矛盾的意义都是不可估量的。他也为自己能够参与这项伟大的事业而感到自豪。

与河海的缘分也不曾断绝

虽然已经从河海毕业数年,但毛颢淳与河海的缘分却从未终止。工作后,他加入了北京的河海大学校友群,参加了校友会组织的篮球赛,认识了好多学长学姐,他们对毛颢淳日后的工作提供了许多帮助。在谈到毕业后与河海的交集时,毛颢淳也分享了一个有趣的小故事。他在毕业后仍然会用VPN登录河海的校园网,以此浏览下载一些与专业相关的资料和论文。"网上下载资料的

费用比较高,学校能让毕业生免费使用,这让我高兴又感激。"毛颢淳笑着说道,"结果有段时间我发现登录不了学校的 VPN。当时还猜测是不是毕业生不能使用学校的资源了,抱着试试看的心态给学校网信办打了个电话,看看能不能得到解决。电话那头的老师听完,说:'哎呀,你早跟我们联系啊,我们前段时间网络安全攻防演练压力很大,你这个密码是弱密码,还没留电话,我们联系不到你,我们就先给你封禁了,赶紧改个密码,改成强密码,然后留个电话以后我们好联系。'这位老师当时就帮我把问题解决了,真的很感谢学校。"

与水结缘,不忘的是调好水的初心与使命;潜心学习,开阔的是知识与眼界;不断攀登,只为遇见更好的自己!"生活喜欢攀登上坡路,脚印只有在高峰才显得明亮。"毛颢淳,作为一名水利人,他将在未来继续为中国的水利事业做出自己的贡献。

(作　者:邵一川)

山长水阔日日"新",碧水北流年年"盛"

——记水利水电工程专业 2009 届本科生校友卞新盛

---------- 个人简介 ----------

卞新盛,高级工程师,1987 年出生于江苏启东,2005—2009 年就读于河海大学水利水电工程专业,2009—2012 年在河海大学水利水电工程专业攻读硕士学位,2012 年进入南水北调东线江苏水源有限责任公司工作,参与了南水北调东线江苏段工程调度管理相关工作。

南水北调工程是缓解我国北方水资源严重短缺局面的重大战略性基础设施。南水北调东线一期工程的建成,离不开数十万建设者和沿线 40 万移民的巨大奉献。管理好、运行好南水北调东线江苏段工程,既是习近平总书记的明确要求,也是工程效益发挥的基础,更是每一位南水北调工程管理者的职责所在。

历经磨炼,方能临危不惧

截至目前,南水北调东线江苏段工程已累计向省外调水超 50 亿方,省内抗旱排涝累计抽水超 100 亿方。卞新盛的工作就是通过调度手段,安全、高效地将水调配至目的地。作为整个南水北调东线江苏段调度中心的具体负责人,卞新盛必须将所有工程的相关设计参数烂熟于心,必须实时关注有关工程的建设与维修计划和气象、环境等实时信息,才能根据具体情况制订并优化调度方案。2012 年他参加工作时,工程建设已进入收尾阶段,没有参与工程前期工作的卞新盛只能通过学习上万页的规划、设计资料,结合工作时的现场调研来了解工程。但实际调水时沿线发生的各种情况复杂多变,在完成调水硬任务的同时,还要统筹地方建设、省属水利工程、农林渔业和航运等多方面需求,这对他个人的知识储备、他对情况的熟悉程度和沟通协商能力都提出了极大挑战。

2013年,工程正式通水。而大量建成不久的新泵站还在试运行阶段,并没有经历过长期的运行考验。14座新建泵站机组实际性能如何?省内400多公里的输水河道在设计水位运行中还会产生什么影响?这些问题都是不可预见的。此外,由于南水北调项目受社会关注度高,稍有差池便会产生重大社会影响,这给卞新盛和同事们带来极大的心理压力。"公司调度部门刚刚成立,人手不足,我们当时天天提心吊胆,手机要24小时保持随时接听待命状态,半夜也不敢关机或调成震动模式,生怕有情况不能及时处理,造成恶劣影响。"据卞新盛介绍,"凌晨两三点钟有在现场的同志向我们反映情况也属常态,有时我们甚至跟踪处理事件到天亮。"有一天凌晨两点,卞新盛接到邳州站的电话,因拖船马力不足,一支船队被困在调水河道边缘无法航行,船只有倾覆危险。卞新盛立即处置,请现场紧急停机,并联系当地海事部门引导船只脱困。现场随即安排值班巡查人员对处理过程进行全程跟踪,了解处置时长,并提供必要的帮助。两小时后,船只安全脱困。在保证安全的前提下,卞新盛和同事们将此次事件对调水项目的影响降到了最低。如今,八年的运行经验造就了一批工程调度运行经验丰富的团队,团队成员们对工程本身以及周边情况的熟悉程度也不可同日而语,各种机制和预案也逐步完善。当卞新盛再遇到工作中的各种突发情况时,早已没有了当时那种惴惴不安的心情,而是多了一份从容冷静。每当他回想当年的情景,仍然觉得是那时高强度的工作为他积累了大量的经验,仍要感激这些年经历过的风雨。

安全与效率并行,踏实与创新共进

南水北调江苏段工程实行"准市场化"管理,这就要求调度工作者们在完成调水任务的同时,还要注意项目的经济运行效益。每年的调度方案编制及优化工作,是降本增效的关键。每年10月份进入调水新年度之后,卞新盛和同事们要根据三大主要因素来制订和完善新一年的调度方案:一是要关注调水沿线主要湖泊的来水蓄水情况,二是要关注省属水利工程的更新改造计划,三是要关注山东方面的用水需求。卞新盛每天上班的第一件事情就是问自己三个问题:

这个时间启动调水合不合算？走哪条线路调水合算？能不能少开几座泵站？确定项目开机之后，卞新盛要编制详细的调度方案。一方面，他要综合考虑省内水情丰枯情况和水资源供需形势等多方面因素，与省防指中心协商确定输水损失；另一方面，还要根据危化品运输、工程维修养护等因素来确定工程的开停机安排。2020年新冠疫情袭来，卞新盛在完成日常工作的同时还要解决现场人员的值班问题，妥善安排14天轮换值班和工程停机修整，避免因人员、机组疲劳造成不可预见的危险。实现工程长期运行安全要求综合考虑多方面因素，这与注重短期运行成本产生了一定矛盾。因此，如何既保证安全又能减少成本，如何平衡短期利益和长期利益，是卞新盛和团队成员们一直研究的问题，也是他们努力争取突破的方向。南水北调工程还处于运行初期，工程的控制运用仍存在许多问题需要探索解决。2019年3—4月，洪泽湖水位涨至正常蓄水位13.50米左右，卞新盛和团队成员们通过现场确认开机条件，决定尝试由第五梯级泵站跨梯级抽洪泽湖水北调，第四梯级泵站不再运行，有效节约了工程运行成本。在卞新盛看来，管理好、运行好南水北调工程，发挥工程效益，努力实现降本增效，就是降低沿线用水成本，就是在保障水资源优化配置、畅通南北经济循环。

青春易逝,情谊长存

卞新盛一家与水利都很有缘,他的父亲、外公都是水利人。在卞新盛上大学之前,他并未想过一定要从事水利行业。但经过12年寒窗苦读,他的高考分数正好符合河海的录取范围,于是他填报了河海大学并选择了水利水电工程专业。刚进校时,卞新盛在江宁校区上课,住在江南骏园一心楼。回忆这段求学时光,卞新盛仍能想起当时午餐时间食堂挤满了看NBA的同学,食堂饭菜也是美味又实惠。"当时从宿舍去教学楼上课还要通过天桥,我后来也回去看过几次,发现先是天桥改成了地下通道,后来骏园又被拆了,心里还是蛮怀念的。"本科4年,研究生3年。青春时光里,卞新盛和宿舍的弟兄们、同门的师兄弟们一起上课、一起搞研究做项目、一起打游戏、一起看球赛……这一切仿佛还在昨天,仿佛只过去一瞬间。转眼离开河海近8年,卞新盛感叹身边许多同学都已结婚生子,有些已成为行业翘楚,但不论如何,同学间的联系从未断过。"有时出差还能蹭到饭,回南京的同学们还会主动求接待,我们在微信群里聊业务、聊家常,气氛很热闹。我每次看到这些消息,都会感觉很温暖。"卞新盛说。

对卞新盛而言,南水北调工程是值得他为之奋斗一生的事业。碧波绵延向北流,所经之处,俱是繁花似锦。看着调水惠及的地区一片欣欣向荣的盛况,思及自己在工程运行管理中的辛勤努力,他为自己是一名水利工程管理者而感到万分自豪。

南水北调工程的建设史反映的是中国水利事业的发展史,也是无数工程建设和管理者的奋斗史。从资料学习、实地调研到工程调度,一路走来,卞新盛把最好的青春献给了南水北调,把全部的精力倾注进了这一项国之重器的运行管理中。灌溉漫途,自留一路芳香。卞新盛与无数南水北调工程中的河海人一样,在拼搏中找寻到了自己的人生方向,也愿如今的河海水之子们能够努力学习,在今后的人生道路上逢良时,行大业,利千秋。

(作　者:乔婷婷)

诊察工程　把脉江河
——记水文与水资源工程专业 2013 届本科生校友孔凡奇

个人简介

孔凡奇,男,1989 年 11 月出生,籍贯江苏东海,中共党员,中级工程师。2013 年本科毕业于河海大学水文与水资源工程专业,现任南水北调江苏水源公司水文水质监测中心副经理。近 10 年来,先后从事泵站工程运行、工程管理、安全监测、水文勘测、水质监测等工作,在水利工程安全监测、水文勘测方面有着较为丰富的经验,先后 2 次被宿迁公司评为"先进个人",1 次被水源公司评为"先进个人",4 次被宿迁公司评为"优秀共产党员",1 次被宿迁公司评为"优秀党务工作者"。

1952 年,毛泽东同志在视察黄河时首次提出了南水北调的宏伟构想:南方水多,北方水少,如有可能,借点水来也是可以的。经过半个世纪的规划与筹备,2002 年 12 月 27 日,南水北调东线江苏段三阳河、潼河、宝应站工程开工建设,成为南水北调东线首批开工工程。2013 年 5 月 31 日,南水北调东线一期工程江苏段试通水圆满成功,同年 11 月 15 日东线一期工程正式通水运行。河海大学 2013 届校友孔凡奇恰逢其时,刚出校门便加入南水北调工程,成为正式通水试运行工作中的一员,见证了这一历史时刻。

艰苦朴素,实事求是,踏实谦逊的初学者

孔凡奇大学期间就读的是水文与水资源工程专业,对于泵站工程运行工作,他是一个不折不扣的新手。面对全新领域,他一边有条不紊地开展工作,一边忙里偷闲努力学习。出于对泵站运行知识的渴求和学习热情,通过 3 个月时间的学习和积累,他掌握了泗洪泵站液压系统的原理与操作控制方法,熟识了电气原理图、机组结构,也因此获得了赴上海青草沙水库参与机组大修的学习机会。机组大修工作对于初出茅庐的他是个考验,不仅仅是智力与知识的考验,更是体力上的锻炼。一天工作下来,汗水将工作服浸湿了一遍又一遍,双手及胳膊变得肿胀、僵直,稍有挪动就会无比酸痛,只得用凉水一遍遍地浸泡冲洗,以缓解痛苦,但第二天的他依然意气风发、激情满满地投入工作。正是这份艰苦奋斗的劲头让他在工作中能够迅速得到锻炼和成长,在此后刘山站、解台站的液压启闭机维修项目中做到从容不迫。

2014 年 3 月,他第一次接触到工程安全监测工作。虽然大学期间他学习过测量学的课程,但是真正地实践应用还是头一次。幸运的是,第一次从事工程安全监测工作,他便是配合骆运水利工程管理处的工程安全监测专家孙飞开展工作,而更幸运的是,这位专家后来成了他的师傅和领导,一直至今。在师傅的教导和培养下,他始终保持谦逊好学的态度、吃苦耐劳的作风,以专心、专注、专业的工匠精神严格要求自己,从工程安全监测方面的新手成长为业务骨干。

那几年，无论盛夏酷暑，还是北风凛冽，在南水北调江苏段的泵站工程现场，在长达百余公里的输水河道上，都留下了他奋战的身影。同事们见到他总是调侃："几日不见，你又黑了，瞧瞧你刚到公司报到时多白，被'糟蹋'坏喽！"翻开以前的照片，他也不禁感慨，但他的内心却无比坚定，因为他知道无论工作多艰苦，总需要有人去做，更何况这是关乎工程安全的头等大事。

严格要求，勇于探索，锐意进取的领头人

经过几年的奋斗，孔凡奇从业务员到业务主办、经理助理、副经理，一步一个脚印，踏实且认真。岗位在变化，但是他对于自己的要求却从未改变，母校的校训牢牢印刻在他的心里。现在他任职的水文水质监测中心，承担了南水北调江苏段工程安全监测、水文勘测、水质监测的重要职能，切实地发挥着诊察工程、把脉江河的作用。

学习一直是他工作生活的主旋律，他重拾搁置多年的水文专业、潜心研究完全陌生的水质监测、深入学习尚未入门的领导科学，目标很简单：为江苏南水北调调水主业做好技术服务，对得起屁股下坐的这张椅子。

他是个追求进步的人，未知的领域总会引起他探索的欲望。他常常以鲁迅先生的话语鼓励自己："不满是向上的车轮，能够载着不自满的人类，向大道前进。"没有什么问题是学习解决不了的，不懂水质，他便虚心向同事请教，从基础的理论知识学起；不懂管理，他便积极与领导交流，在实践中总结工作经验。

每每经过，数次回眸，心怀母校的毕业生

2007年的仲夏，又是一年高三毕业季，高中校园里布满了各个大学的招生席位。无意间"河海大学"这个极具特色的名字映入了他的眼帘，从那时起，河海大学给他留下了深刻印象。2009年，他如愿考入了河海大学水文与水资源工程专业学习。

"2009级水文2班，学号09010227"，回忆起大学时光，孔凡奇还是能够一口报出自己的学号。骏园、东湖、理学楼、力学楼、图书馆……严恺馆、芝纶馆、水利馆……从江宁校区到鼓楼校区，他上课的足迹和珍贵记忆遍布校园每一个角落。他记得参选学生会体育部干事时的紧张画面，他记得和同学们秋游去过的每一个地方，他记得参加组织的每一次实习，他记得暑期实践活动去过的每

一个城市……大二那年他入了党，大三那年他当上了学习委员，大四那年他成功应聘到南水北调江苏水源公司。毕业前夕，同学们聚餐后在操场上围坐畅聊到后半夜，他留下了离别感伤的泪水。

毕业后，他多次因公出差路过母校，可总是行色匆匆，只能透过车窗极力眺望，想看看母校有没有变化，想看看那些他熟悉的事物是否如故，想看看那些曾教导过他的老师是否风采依旧。偶有机会，他也会专程回到校园里，走一走曾经常走的路线，尝一尝曾经常去的食堂的饭菜。

身后背负的是河海母校的荣耀，肩上扛起的是南水北调的事业，从走出校门那一刻起，孔凡奇便把"艰苦朴素、实事求是、严格要求、勇于探索"的校训作为从业准则，坚守自己的原则和初心，磨炼心性、锻炼本领，一步一个脚印不曾停歇。

（作　者：王炳铎）

水调歌头　源远流长
——记海洋工程水文专业 1987 届本科生校友邓东升

个人简介

邓东升，曾任南水北调东线江苏水源有限责任公司董事长、党委书记，现任江苏交通控股有限公司党委书记、董事长。1965 年出生，江苏建湖人。1983 年就读于河海大学海洋工程水文专业，1990 年以河海大学海岸工程专业硕士学位毕业。2003 年被评为"江苏省技术创新能手"，2004 年被评为"全国职工创新能手"，2005 年被评为"年度全国十大建设英才"，2007 年成为江苏省"333 高层次人才培养工程"中青年科学技术带头人，为享受国务院政府特殊津贴专家。先后负责过通榆河、沂沭泗东调南下防洪、南水北调东线江苏段等多项重点水利工程的建设管理工作，曾获国家科技进步二等奖，多项研究成果获省部级科技进步一等奖，并在南水北调等工程中得到应用，取得良好的经济和社会效益。

据新华社报道，截至 2019 年底，南水北调东、中线一期工程全面建成通水满五年，累计调水量近 300 亿立方米，直接受益人口超过 1.2 亿人。受水区 40 多座大中城市、260 多个县区用上了南水北调水，并由原来规划的受水区城市补充水源，转变为多个重要城市生活用水的主力水源，成为新的生命线。

南水北调东线工程以长江下游扬州江都三江营为起点，在江苏江水北调工程的基础上扩大规模并向北延伸，沿京杭大运河一路北上。对于这么一项事关国计民生的巨大工程，习近平总书记指出，"这是国之大事、世纪工程、民心工程，同三峡工程是等量齐观的"，要"确保南水北调东线工程成为优化水资源配置、保障群众饮水安全、复苏河湖生态环境、畅通南北经济循环的生命线"。

东线一期江苏段工程规模宏大，效益显著，影响深远。这个跨世纪工程汇集了亿万人民群众的殷切期望、几代国家领导人的决策情思、千万工程技术人员的智慧结晶、广大沿线建设者和干部群众的建设热情,是中国人民的骄傲。2020年11月,习近平总书记视察江都水利枢纽时特别强调南水北调东线工程取得的重大成就。

在这条新时代"中国人工河"的建设运营过程中,负责江苏境内所有新建工程和供水经营任务的江苏水源公司,发挥了举足轻重的作用。邓东升校友组建了江苏水源公司,并曾担任公司党委书记、董事长,可谓是南水北调东线工程的中流砥柱。

上善若水·朴实中现风华

"踏踏实实一路走过,没有惊心动魄的故事,也没有华丽的辞藻,有的是水一样平凡的踏实和坦诚。"这是邓东升对自己工作历程的自我评价。

从河海大学毕业后,邓东升就投身水利建设事业,在参与江苏水利的规划、建设、管理等工作中,积累了丰富的实践经验,形成了水利工程规划、建设与管理的系统思维。1999年,国家启动新一轮南水北调规划的时候,邓东升受命参与其中。2002年,南水北调东线工程正式开工了,此时的邓东升,作为三阳河、潼河、宝应站等工程的负责人,直接参与了现场指挥工作,开始了长达十几年的南水北调东线江苏段的建设征程。

2002年12月27日,这是一个令邓东升记忆犹新的日子。那天,南水北调宏伟蓝图在东线全面铺开,江苏段三潼宝工程首批开工建设。从这天起,在江苏省委的领导下,江苏各级政府、省水利厅及各级南水北调办,各司其职,团结共建,按照"先节水后调水,先治污后通水,先环保后用水"的原则,以无上的荣光、无比的豪情,全身心投入南水北调这个举世瞩目的伟大工程建设中来。邓东升回忆道:"宝应站工程是全国南水北调系统里第一个开工、第一个建成的工程,在2004年建成后的前两年里,连续在里下河地区排涝抗洪中发挥了重要作用。有一次宝应站所在的宝应县普降暴雨,宝应站周边地面积水达30～40厘米,我们根据省防指的调令紧急开机,仅半天多水位就明显下降,迅速缓解了险情,当地老百姓还给我们送了锦旗,作为建设者我们感到非常的自豪。"

作为南水北调东线工程的源头,江苏段集中了目前世界上最大最密集的泵站群,在工程设计、建设管理和调度运行方面又具有鲜明的特征,将引水、蓄水和输水联结成一个有机整体,其建设管理的复杂性、挑战性都是以往工程建设未曾遇到的。2004年12月,国家和江苏省决定组建江苏段工程项目法人——南水北调东线江苏水源有限责任公司,负责江苏段工程建设和供水经营任务。邓东升作为江苏水源公司的首任主要负责人,结合东线江苏段工程实际情况,依据省委、省政府和原国务院南水北调建委会对项目法人组建的批复要求,解放思想、转变观念,立足"两个统筹、两个创新",综合协调好工程建设和运行管理之间的矛盾,形成了"统筹进度和管理,以项目管理为中心,以工程质量和安全为重点,着力强化规范管理、科学管理,突出管理创新、技术创新,又好又快完成工程建设任务,努力建设优质工程、高效工程、优美工程、廉洁工程;统筹建设和发展,合理配置利用资源,推进江苏南水北调工程可持续发展"的项目建设管理新思路。在这十多年的时间里,江苏省南水北调事业从开工到全线通水,江苏水源公司从组建到初具规模,无不洒下了邓东升辛勤的汗水,无不显耀着邓东升聪明的才智,南水北调工程也在邓东升的身体里刻下了深深的烙印。

2020年仲夏的河海,新一届河海学子即将高飞远航之际,毕业整整30年的邓东升校友重返母校,荣登礼台,与所有河海毕业生一起见证和分享这一具有人生里程碑意义的喜悦时刻,为即将开启人生新征程的河海学子话别壮行。邓东升饱含深情地告诉河海学子:"在学生时代,我们总认为毕业遥遥无期,其实转眼就各奔东西。数载寒窗苦读,同学们不分昼夜笃志学习、不畏寒暑奋战实验、不惧艰辛实践磨炼。今天的你们,已经学富五车、学贯中西,华美蜕变成羽翼丰满的雄鹰,正准备展翅高飞,遨游搏击九天。"他希望所有即将走出校园的河海人"无论大家走得多远多久,我相信母校永远是大家一生心系牵挂的地方,学生时代永远是大家一生难以忘怀的时光,师生情感永远是大家一生最为珍贵的情谊"。看到眼前一张张生机勃勃的笑脸、一双双睿智聪慧的眼睛,邓东升不由追念到30年前"书生意气、挥斥方遒"的学生时代。"古朴平静的西康路校园,我曾经在这里学习生活了七年时光,很充实地度过了人生最美好的青春年华。母校的悉心培育,让我树立了志向、磨炼了品格、收获了成长。"

源头活水·创新中见真功

南水北调东线沿线建有34处站点、160台水泵,共计13级泵站,创建了世界最大的泵站群,将长江水逐级提升近40米。该项工程不仅促进了地区经济发展和社会进步,还扼制了生态环境不断恶化的状况,改善了人民生活质量,疏浚和治理河道、湖泊,更极大改善了防洪、航运和生态环境条件。千里波涛之下,是无数项科技创新成果的有力支撑!

江苏从气候地理特点来说,地势上南低北高,水是南多北少,所以输水工程通过渠道输水,因地势原因要建立多座大型泵站把水从低处往高处提,大型泵站群是南水北调东线工程的特点。从2002年开始,邓东升就把泵站工程作为技术创新的突破口,注重提高泵站工程运行的可靠性和高效性。围绕这两个方面,邓东升带领团队进行了一系列有效的尝试,从最初引进国外先进技术,到联合国内外科研机构,特别是省内水利高校的丰富资源,在泵站工程技术上取得了比较好的成果,尤其在低扬程泵站的装置开发、水利模型的优化,以及调节机构的研发、贯流泵装置的研发上取得了突破性成果,技术达到了国际先进水平,有多项成果获得国家、省部级科技进步奖,形成多项专利。

宝应站是整个南水北调率先开工的项目,也是东线大型泵站第一个开工的项目。建设之初,确定怎样的建设理念和管理思路,对于后续的南水北调工程建设将起到示范作用。邓东升作为当时宝应站的负责人,长期奋战在一线,了解工程实际情况、掌握工程问题、了解周边百姓需求。在宝应站建设的两年多时间里,邓东升先后研究提出了多项富有成效的、具有针对性和开创性的思路举措,建成了立式混流泵里有据可查的最高效率泵站,这项技术达到了国际一流水准。宝应站取得的一系列标志性创新成果,为后续开展的南水北调工程泵站技术创新开了个好头。

南水北调工程是泵站最集中、数量最大、种类最多的工程。建设过程中,邓东升紧紧围绕泵站可靠性和运行效率这两个关键因素,组织科研攻关,经过十年努力,泵站整体水平达到国内一流、世界先进水平,泵站效率提高了7个百分点。这个创新是泵站建设的历史性突破,也给整个南水北调工程建设带来了极大的技术提升。"我们工程一线人员搞技术创新和研发,坚持科学技术来自工程,更重要的是要解决工程问题,最终应用到工程,最后为工程服务,"邓东升谈到创新时说,"这几年我们的创新一定是着眼于我们的需求,解决我们的问题,提高我们的管理效率,为当前工程建设、未来的运行管理起到支撑和服务作用。在过程中,大家虽然辛苦,但是大型复杂调水工程能以国际一流的标准去建设,并在建设管理中取得新的突破,广大参建者是值得自豪的。"

目前,南水北调东线工程已建成了亚洲乃全世界上最密集的泵站工程集聚群,13项工程获得"中国水利工程优质(大禹)奖",先后开展重大技术攻关和专题研究40余项,相关课题获得国家"948"、"国家自然科学基金"及"国务院南水北调科技创新基金"项目支持,获得国家科技进步二等奖、省部级科技进步奖

13 项,其中一等奖 8 项。研究形成的具有自主知识产权的大型灯泡贯流泵设计技术,广泛应用于国内重大水利工程,取得经济效益近 5 亿元。

青山绿水·笃志中守初心

2013 年 11 月 15 日,南水北调东线一期工程通水,工程的社会效益、经济效益、生态效益得到显著发挥。2016 年度南水北调东线一期工程建成国家水土保持生态文明工程。当南来之水第一次涌入北方大地时,这便成为世界水利史上载入史册的时刻!南水北调东线一期工程先后疏浚开挖整治河道 14 条,新建调蓄水库 3 座,更新改造泵站 4 座,新建泵站 21 座,建设穿黄工程……通洪泽湖、骆马湖、南四湖、东平湖。水分两路,一路北上自流天津,一路东奔润泽胶东半岛。从此,4000 余万居民喝上放心之水!东线一期工程的年调水能力可达到 88 亿立方米,相当于每年为沿线的江苏、安徽、山东各省供给了 600 多个西湖水量。它使京杭大运河成为一条自黄河以南直至长江全线都可通航的"黄金水道",相当于在水上架设了一条新"京沪铁路"。

南水北调工程是一个在社会主义市场经济条件下,采取"政府宏观调控,准市场机制运作,现代企业管理,用水户参与"的运行模式,兼有公益性和经营性的超大型项目集群,其建设管理的复杂性、挑战性是以往工程建设中不曾遇到的。据邓东升介绍,南水北调工程在建设之初就提出了一个全新的建设与管理理念,作为项目法人单位负责人的他,暗下决心要把项目工程建设好、运营好。

南水北调江苏段工程点多线长,单线长度 400 多千米,两条线将近 1000 千米。在几万平方公里的范围之内,仅设计单元工程就有 40 多个,项目点有上百个。如此庞大的工程,其建设、管理模式对建设者提出了新的要求。"南水北调江苏段工程建设要求我们必须要勇于开拓,勇于创新,勇于走在时代的前列。"对此,邓东升在建设理念、组织机构、人力资源配置、组织方式等方面都进行了大胆的探索和创新。

邓东升带领江苏水源公司利用水利系统和社会人才技术资源,探索委托建设和代建制模式,组建成立工程现场建设管理机构。同时,针对南水北调工程在管理、运营体制上的复杂性和新要求,探索建立适应市场经济条件下的管理模式。邓东升介绍道:"我们现在的管理思路就是依托社会、行业的人力资源和技术支撑来进行管理,提高效率和效益,避免人员的重复配备,改变以往分散管理的方式。不但如此,我们还在努力思考如何把工程管理提升为一种服务。水利行业经过多年的发展，拥有专业化队伍和高层次人才，积累了丰富的管理经验，我们可以充分利用水利行业队伍的这些优势，为南水北调工程的运行服务。把管理的要求，提炼成管理标准，并通过不断的竞争和改善，使服务的标准逐步提高，最终促进水利工程管理水平的提高。这样，受益者不单是项目本身，也是水利行业，更是我们的国家。"

除了把工程管理提升为一种服务之外，邓东升对项目的整体管理范围也进一步拓展，即项目群管理。江苏境内全线有许多泵站，统一建立服务中心，一条线建立两到三个点，把原来分散在各个工程点上的维修、养护、实验等服务相对集中，这样，设备可以更先进，人员可以更专业，服务可以更高标准，管理水平可以更上一个台阶。全线管理功能区规划的开展，使得沿线每个节点从工程运行的角度考虑，应该具备什么功能，就给予其相应的配置。这样的方式既有利于精简人员、提高效率，又有利于技术水平和管理水平的提升，还可以节省工程投资、优化工程配置、提升工程效益。

在推进工程建设的同时，邓东升率先在大型水利工程中探索践行人与自然和谐共生的理念。他以南水北调东线江苏段工程为对象，应用景观生态学和文化生态学理论，通过跨学科的研究，形成了国家级大型水利工程建筑与环境规划设计的综合集成方法，提出全新的规划设计核心理念、总体定位与实施控制管理策略；采用通则性控制与特色性引导相结合的方式，构建"运河文化线路、水利遗产廊道、景观游憩廊道、城镇经济廊道"四位一体的建设环境规划体系；进一步加强了工程功能与生态环境、社会经济、历史人文的综合协调，提升国家大型水利工程的综合作用，实现水利与自然、社会的和谐和可持续发展。通过对南水北调江苏段建筑环境规划与设计，无论是"江淮明珠"江都水利枢纽、大气磅礴的淮安四站，还是项王故里、楚汉文化的代表泗洪站以及解台站、蔺家坝站等，每一处泵站都融入了当地的历史文化底蕴，呈现出绿水青山的新面貌，为京杭大运河成功申报世界文化遗产发挥了重要作用。

2013年南水北调东线工程全线通水后，抽江规模由原有的400立方米每秒扩大到500立方米每秒，总供水量每年163亿立方米，多年平均抽江水量89亿立方米。其中，新增抽江水量36亿立方米，具备了向山东半岛和黄河以北各调水50立方米每秒的工程能力，也为北方地区的工农业高质量发展提供了有力保障和支撑。在原国务院南水北调建委会专家委组织的东线一期工程通水质量评价中，包括3名中国工程院院士、2名设计大师在内的众多专家给予高度评价。水利部主要领导给予江苏南水北调工程"进度最快、质量最优，投资最省"的高度评价。时任江苏省省长李学勇充分肯定"江苏南水北调工程建设在项目管理、工程建设、科技创新、党风廉政等方面,创建了一系列行之有效的工作方法,为建设现代化水利工程积累了宝贵经验"。

2015年,邓东升调至江苏省沿海开发集团有限公司任党委书记、董事长,在江苏水源公司干部调整大会上,邓东升说:"我深深地眷恋南水北调事业。"跟南水北调工程结缘的时光,南水北调早已成为邓东升一辈子的牵挂,水利人的水利魂也深深地刻在了他的骨子里。2020年6月,邓东升作为河海大学毕业典礼特邀嘉宾深情说道:"在30余年从事与水利有关的工作经历中,我遇到和结识了许多河海人,他们在各条战线上矢志奋斗、建功立业,用实践注解着'艰苦朴素、实事求是、严格要求、勇于探索'的河海校训,用行动诠释着'忠诚、干净、担当,科学、求实、创新'的水利精神。我想这就是河海教育的力量,是河海人文的力量。我相信,这些宝贵精神财富必将在一代代河海人身上薪火传承、生生不息、源远流长。"

在南水北调工程中,留下了许多河海人艰苦奋斗的身影,一个个像邓东升这样的河海人无私奉献,将治水救国、治水报国、治水强国的使命担当代代相传,正是有他们,在历史的长河中、在大江大河的蜿蜒流淌中,河海精神将延绵不息、熠熠生辉!邓东升希望河海人"无论在什么工作岗位上,都能时时回首初心与信念,不为功利所诱惑,不为浮躁所鼓动,不为外物所迷失,牢记专业责任,担起职业使命,以一种淡然恬静的心态去追求理想,实现人生价值"。

如今的南水北调江苏段工程,在全体管理者的辛勤奋斗下,泵站工程厂房整洁明亮,车间地面一尘不染,员工操作规范,工作井然有序、精益求精,河道工程水清、景美、岸绿、河畅。截至目前,已累计调水出省47亿立方米,省内抗旱排涝100多亿立方米,有效地缓解了北方水资源短缺现状,有力增强了江苏苏北地区抗旱排涝能力,为北方地区的经济和社会发展提供了强大动力。

面对这项浩大的工程,看着这骄人的成绩,我们深知,南水北调东线工程取得的重大成就,离不开数十万建设者长期的辛勤劳动和巨大奉献。在南水北调东线工程建设的背后,有很多平凡的英雄,他们不是什么伟人,但却用自己的青春和热血,写就了南水北调东线的历史。他们的故事很简单,他们的生活很平淡,却都朴实美丽。这是一个由数十万移民群众、数十万工程建设者、数千名科技工作者以及那些永远坚守在岗位上的人们,共同创造的奇迹!

(作　者:柏　蓉)

"传"承水利事业 "贞"守水利精神
——记农业水利工程专业 1996 届本科生校友白传贞

个人简介

白传贞，1996 年毕业于河海大学农水专业。自 2003 年开始参与南水北调东线一期工程建设，历任南水北调东线江苏水源公司工程建设部施工管理科副科长、项目合同科科长、徐州分公司副总经理、调度计划部副主任、宿迁分公司总经理、建设管理部（安办）主任。作为南水北调最早一批参建者，他亲历了南水北调江苏段工程的建设、管理和江苏水源公司的逐步发展壮大。

从年少时，望着水利工程建设者心生敬意，到考入高等水利学府，成为一名准水利人，再到走上工作岗位，将 20 余年光阴献给南水北调这一彪炳史册的千秋伟业，白传贞用自己的经历书写着浓浓的爱水之情、钟水之意。

"三先三后"打造"绿色长龙"

南水北调工程建设一直秉承着一个重要的"三先三后"原则，即先节水后调水、先治污后通水、先环保后用水。南水北调工程江苏段从 2002 年开工至今，已有 20 余年的时间，这 20 多年里，工程从无到有、从建成到发挥效益，充满着一个个或微小或重大的喜人进展。江苏水源公司刚刚组建时，算上董事长、总经理在内也仅有十几名员工，大家在同一层楼办公，为了南水北调工程顺利开展，同事们都夜以继日地奋斗着。一转眼过去 20 年，江苏水源公司也逐步成长为集工程建设、工程管理与涉水综合经营为一体的大型国有企业,成为江苏省唯一的国有独资涉水企业。在这整个过程中,白传贞始终用汗水挥洒着自己的青春岁月,对南水北调工程倾注着浓厚的情感。他对南水北调事业有着深厚的自豪感和荣誉感,提起工程有说不完的故事,对这项伟大而崇高的事业有道不尽的热爱。

说起南水北调工程江苏段遇到过的难题,白传贞说道:"对于东线工程来说,我认为最大的难题是治污。"从前,人们保护环境的意识还比较淡薄,为了发展经济,企业将大量污水排入河流湖泊中,对水环境造成了较严重的污染。虽然东线的水源来自长江,并不存在严重的水源污染问题,但是由于东线工程调水骨干河道与沿线河湖平交、调蓄,水源在调度过程中不可避免因与沿线的水系水体发生交换而造成污染。因此,出于对受水区人民的高度负责,必须要求水质稳定达标后才能将一江清水输送至北方。"先治污、后调水"这一国家理念深深记在了东线工程建设者的心中。在主体工程开工的同时,国家投入了100多亿元用于实施东线江苏段工程的截污导流工程,后江苏省又相继投入300多亿元配套实施了尾水导流工程。目前,江苏境内工程出省调水水质已连续九年稳定在地表水Ⅲ类水以上,正是国务院和省政府的这一英明决策,才有

了现在的清水北上。这件事,南水北调的建设者们一做就是十年,直至现在,为进一步提高水质,省内的尾水导流工程建设还在不断地优化完善。

2013年江苏境内工程全线通水后,根据国家批复,江苏水源公司成立了水文水质监测中心(挂靠宿迁分公司管理),负责对全线水文水质进行全过程监测,以确保调水出省水质的稳定达标。自2017年以来,白传贞兼负起了对水文水质监测中心的管理工作,面对这一全新领域,他深知肩上的担子有多重。中心成立之初,他要帮助中心做好顶层设计、完善内部机构设置、协助开展专业人才引进和培养等工作。2019年,白传贞履职宿迁分公司总经理后,进一步加大了对中心各方面的管理力度,细化了职能设置和体系建设,着重加强中心的能力建设。2020年初,面对来势汹汹的新冠疫情,白传贞带领大家审时度势,为保证出省水质,果断对调水水体加测了微生物特别是大肠杆菌等指标,在最短时间内克服了人员能力不足、试剂短缺等困难,以最快的速度掌握了水体有害微生物含量,让北方受水区群众用上放心水、幸福水。为确保中心测试数据的公正性和权威性,白传贞又牵头着力开展中心的CMA认证工作,通过近一年的不懈努力,克服重重困难,认证工作开花结果。"中心通过CMA认证后,除了能够进一步保障我们的调水水质安全外,还可以承担起社会对水质检测的需求,这也为我们中心作为国企承担更大的社会责任打下坚实的基础。"谈起中心通过认证,白传贞满脸自豪地说。

为了掌握调水水质实况,水文水质监测中心需要对调水水体进行全过程无死角监控,在不同的控制断面和重要的分水口门每四个小时滚动采样,还要根据突发状况随机抽样检测,化验水质是否达标。只要南水北调江苏段一直在输水,他们就要一直检测水体质量。特别是疫情的发生,给全线的水质监测带来了很多不可预见的困难,为了取样,面对封村封路,有时需要协调市、县、镇、村四级政府才能到达预定地点,同志们不畏严寒、加班加点、风餐露宿。无数个四小时,无数次监测,白传贞带领同事们日复一日、年复一年,用毅力和执着肩负起保障东线水质安全和受水区人民福祉的重任。

"2013年东线工程全线通水以来,受水区沿线水环境和水生态得到了很大的改善,洪泽湖、骆马湖和南四湖水质逐年向好。据渔民反映,几年前,微山湖已经消失好多年的鱼种又出现了,河湖生物多样性明显得到改善。"白传贞开心地说。东线工程自通水以来,已累计调水出省近50亿方,并肩负着部分流域、省内的防洪、航运、抗旱、排涝等综合任务,大大改善了沿线水环境和水生态,所带来的社会效益不可估量。

核心科技提升大国制造

作为南水北调东线工程一期首批开工项目,宝应站是东线工程第一座开工建设的泵站工程,白传贞全过程参与了宝应站的建设管理工作。2003年,工程建设初期,面对国内大型混流泵装置设计和制造水平不高,环保和节能无法满足这一宏大调水工程需求的情况,工程建设亟须引进学习国外的先进技术和工艺流程。宝应站主设备采购原计划采用四台主水泵叶轮、叶调系统等核心部件从国外引进,配套设备国内配套生产的方式,为促进引进设备、技术的国内消化吸收,提高国内泵行业的设计、制造水平,经建设处审慎考虑,经主管部门批准,采购方式更改为整体引进泵水力模型,两台套核心部件设备国外制造,剩余两台套核心部件及其余部分待技术消化吸收后由国内生产。设备制造过程中,建设处又对引进的水力模型和叶调机构进一步进行了优化设计。功夫不负有心人,用心付出后的收获让人铭记于心,直到现在,白传贞对于宝应站工程建设形成的科技成果如数家珍。第一,通过引进国外先进的水力模型和核心技术,使宝应站工程装置效率高出同期同类型泵站近十个百分点,大大降低了能源消耗;第二,采用中置式液压油缸,避免了油体污染水体的风险,使泵站更加环保;第三,通过引进消化和吸收国外先进技术,促成了国内泵企业与国际知名企业的合作,促使国内大型水泵及相关企业的设计、制造水平明显得到了提升,缩短了国内外在水泵设计制造方面的差距;第四,服务于宝应站建设的一批科研项目获得了厅级或省部级科学技术奖,几项关键技术获得了发明专利,并成功得到推广,经济和社会效益彰显。

"通过近16年的安全运行,对比宝应站四台套主设备运行数据发现,对于核心部件,当时从国外引进的两台套设备与国内消化吸收后生产的两台套设备在稳定性和效率上几乎相当,但在一些核心部件的制造精度上与国外尚有很大差距,然而现在,通过这些年的努力,这些制造水平的差距已经不复存在,这说明我们当时的决策是正确的,我们也因能为国内泵行业的发展贡献一份力量而感到自豪。"白传贞如是说。南水北调东线江苏段工程是世界少有的大型泵站群,既发挥着巨大的社会效益,也是能源消耗大户,一个小小的技术革新,可能会带来很可观的节能效益,宝应站只是一个缩影,这样的科技创新在后续泵站建设中不胜枚举,这凝聚了江苏南水北调人的智慧和心血,他们为大国制造和核心科技的发展默默地奉献着。

初心不改忠于水利事业

谈及母校,白传贞有着非常浓厚的感情,校园里学习和生活的点点滴滴构成了他丰富多彩的大学生活,带给了他弥足珍贵的求学记忆。河海的校友遍布全国,最开心的就是出差全国各地几乎都能与同学或校友相聚言欢,内心感到难以言说的亲切。全国各地的校友们来到南京时,也都会叫上老师和同学一聚,时间充足还可以一起回母校看看,这份师生之间、同学之间的情谊随着时间的流逝越发醇厚。偶尔回到校园里走一走,看着年轻一代的同学们,白传贞内心非常感慨,"现在这一代的年轻人与我们那一代人相比更加自信,从小生活在强大的祖国,物质和精神世界都得到极大丰富,对我们的祖国和社会更加充满信心。同时,由于现在互联网非常发达,获取信息的渠道非常丰富,这一代的年轻人具有很广阔的知识面和非常高的思想高度"。年轻的新一代是祖国冉冉升起的希望,承担着实现民族复兴的使命和重任。白传贞对新一代年轻人寄语道:"我对你们年轻人充满信心,要好好规划自己的人生和事业,要相信未来可期!"

如许许多多的参建者一样,二十年如一日,为了南水北调事业,白传贞付出了青春和汗水,但是在付出的同时,他也收获了许多,其作为主要贡献者,参与建设的宝应站工程获得了水利工程行业优质工程的最高奖项——大禹奖;参与的大型水泵液压调节关键技术研究科研课题获得江苏省科学技术一等奖;2013年东线工程全线通水,水利部和人力资源部两部委联合表彰了南水北调工程建设劳动模范,白传贞就是其中之一;其本人于2013年被评为江苏省第四期"333高层次人才培养工程"第三层次培养对象;于2017年被评为江苏省省属企业信访维稳工作先进个人。

百尺竿头更进一步,他并没有把功劳归为自己,而是牢记这是水利前辈打下的基业。"我们水利人的先辈们自新中国成立初期就一直为南水北调工程的建设做着扎实的基础工作,包括前期规划、地质勘探、选址等,这为我们能在十年内就打造出如此体量之大的国之重器做出了不容忽视的贡献。"从前的水利人用脚步丈量土地,用汗水挥洒蓝图,其工作和生活条件之简陋是难以想象的,相较于他们,白传贞认为自己的工作并不算辛苦,随着国家综合国力的日益强盛和先进技术的广泛应用,现在施工和管理条件相比以前而言有了很大提升,良好的办公环境、交通方式、生活设施、通信条件和技术条件都让我们成为受益人。

2020年新冠疫情的暴发给南水北调工程的管理和运行带来了很大的挑战。时值东线工程2019年至2020年调水工作第一与第二阶段间隙,面对调水任务和疫情的严峻形势,一面是国家下达的年度调水任务完成尚不足50%的情况;一面是如果贸然开机运行,人员和物资的流动极有可能会加重疫情发展的压力,本着对国家和人民高度负责的态度,江苏水源公司讲担当甘奉献,果断决定开机调水,确保完成年度调水任务。作为江苏境内工程调水的主力军,白传贞带领宿迁分公司全体员工,积极与地方疫情防控部门对接,科学制订工程调水运行期间的疫情防控预案和应急处置方案,一方面保证防疫物资足额到位,强化物资保障;另一方面延长一线员工工作交接周期,加强对人员的流动管理,确保突发疫情时就地隔离措施到位。通过一系列具体措施,公司顺利完成了国家交办的年度调水任务,同时也形成了南水北调调水期间的常态化疫情防控制度。

漫漫调水路,缱绻爱水情。白传贞用自己的实际行动证明了对于南水北调事业的信仰与热爱,用坚守和担当书写了对社会的责任与奉献。在习近平总书记的亲自关心下,南水北调这一国计民生工程将继续扩大规模建设,东线后续工程开工也将提上日程,白传贞作为河海校友,作为最忠贞的水利人,对我国南水北调这一宏伟事业充满信心和期待,也希望河海学子及全社会都能关注这项伟大工程,并为这一充满中国智慧的大国重器建设发挥更大社会效益添砖加瓦。

(作　者:张　祎)

"敬"事工学昌明时　江河奔腾绘北"洋"
——记水灾害与水安全专业 2014 届硕士生校友刘敬洋

个人简介

刘敬洋,河北石家庄人,2011 年进入河海大学水利水电学院攻读硕士研究生,方向为水灾害与水安全;2014 年毕业后到中国南水北调集团中线有限公司工作至今,现任公司工程维护部副处长。作为一名南水北调工程的工作者,2017 年她被评为"工程维护及建设先进个人",2016 年和 2019 年被评为"优秀共产党员",2018 年、2019 年被考核为"优秀员工"。

巍巍紫禁城的红墙黄瓦、惊艳世界的鸟巢水立方、纵横交织的千百条宽窄胡同……北京,是联结全中国人民情感的枢纽,也是南水北调工程的心脏所在。溯流而上,南水北调工程指挥总部——中国南水北调集团有限公司就坐落于此。

十年努力只为确保这一件事

2014 年,刘敬洋来到中线公司,经过一年见习后,就一直在中线工程维护部从事验收管理工作至今。她认为"这个工作比较单一,但是其中涉及的知识面十分广"。说话声音不大、行动起来不疾不徐、戴着黑色圆框眼镜、亲和而从容的她讲述了2018—2022年设计单元工程完工验收这一烦琐但有序、紧张的历程。

按照国务院南水北调办的有关规定,南水北调中线干线工程验收主要分为"施工合同验收、专项验收(水保、环保、征迁、档案、消防)、通水验收、设计单元工程完工验收、竣工验收"五大阶段。工程验收是一项工作量庞大的工作,说其困难,具体有三难。

第一难,难在范围广,工程多。1432千米长的南水北调中线干线工程总干渠南至湖北省丹江口库区的陶岔渠首枢纽,沿着唐白河平原北部及黄淮海平原西部布置,经伏牛山南麓山前岗坡与平原相间的地带,沿太行山东麓山前平原及京广铁路西侧的条形地带北上,跨越长江、淮河、黄河、海河四大流域,北至北京团城湖和天津外环河。此外,由于横穿诸多流域,遇到条件各异的地势困难,南水北调工程布置了各类交叉建筑物来确保输水顺利进行,如河渠交叉建筑物、隧洞、泵站、渠渠交叉建筑物、左岸排水建筑物、控制性建筑物、公路交叉工程、铁路桥交叉工程等。南水北调中线干线工程按实际特点划分为77个设计单元工程,每个设计单元工程情况都不一样,其验收重点难点也有所不同,验收前都要提前预习验收报告,验收过程中认真检查每个环节,验收后及时组织问题整改,做到验收全闭合。

第二难,难在时间紧,任务重。南水北调任何一项工程建设都关系到整个大国重器的安全运行,验收工作一环套一环,每个验收环节预留的准备时间并不多,再遇到规定调整、工期滞后等情况,验收节奏更加难以把握。比如2016年水利部下发了关于水土保持设施验收技术评估工作要点,这意味着共有170多个渣场需要开展稳定性评估,部分渣场评估后可能还需整治,大大增加了建设单位在政府验收前的工作量,直接影响了验收进度。为了确保设计单元工程完工验收顺利开展,经与上级验收主持单位多次沟通,原本按单项进行水土保持验收的工作拆分为设计单元先期组织开展水土保持项目法人验收,为设计单元工程完工验收提供条件,再合并为单项统一向水利部报备。也就是说,刘敬洋和同事们通过"先拆解再合并"的办法,灵活推动了设计单元工程完工验收按计划顺利完成。

验收作为南水北调工程的最后一环,负责这项工作人员像站在一个不断燃烧的蜡烛上——留给他们的时间通常被不断压缩。为了确保南水北调工程验收任务按期完成,刘敬洋和同事们编写了"77个设计单元工程完工验收建议计划",为后续设计单元工程完工验收绘好"作战图"。2018年至2021年期间,几乎每年他们都编制形成"设计单元工程完工验收手册",为各参建单位提供验收指导。刘敬洋明白,只有提前做好计划安排,明确职责分工,才能有条不紊、步步推进。"2022年要完成全线77个设计单元工程完工验收,平均每年得完成十几个到二十几个,即使这样的工作量,前几年我们都是超额完成的。"一直语调平稳的她,带着些自豪的语气介绍道。对于外行人来说,不明白一年完成20多个设计单元的完工验收是什么概念,刘敬洋吐露了其中部分辛苦:根据水利部验收计划安排,2022年前要完成全部设计单元工程完工验收。完工验收分为项目法人验收、技术性初步验收和完工验收三个阶段,此前还需要完成水保、环保、征迁、档案、消防等专项验收和完工财务决算。这样一套流程下来后,每个设计单元的完工验收至少要开4～5次会议,每次会议大概2～5天不等。按照这个工作量乘以20,不算其中的专家检查会,一年少说也开了几十次会议。每次设计单元的完工验收工作,她都希望能够尽量参加,因此工作量大的时候,她整月都会出差。人虽然奔波在路上,但心却是安定的,因为她知道,每多跑一个地方,离全面收官就进了一步,想到这里,无论多难多累,她都甘之如饴。

第三难,难在涉及广、人员杂。南水北调中线干线分为直管、代建和委托三种建管模式,各参建单位众多,情况非常复杂;不同的建管模式,验收主持单位也有所不同,这给她的工作增加了不小的难度。另外,验收中,她一边需要协调上级验收主持单位,明确验收工作要求,另一边要积极组织各参建单位开展验收工作,协调制约验收存在的问题,确保验收工作稳步推进。对于这个困难,她坦言没有什么特别好的解决办法,唯有用心、耐心,投入大量的时间精力才能换来验收工作的顺利进行。

她是这样想的,也是这样做的。在2019年,消防验收职责由消防机构移交住房和城乡建设主管部门,移交期间,验收政策和对接部门发生变化,给验收工作带来了新的挑战。她积极研究地方消防验收政策,组织各分公司和现地管理层研究对策,同地方主管部门对接,采取具有资质的第三方机构开展消防检测,积极推动了消防验收的顺利通过。

兵来将挡,水来土掩。在这四年的验收工作里,她遇到了各种各样的困难,奔波在1432千米的南水北调中线干线上,协调统筹着各个单位,严守国家验收时间线,身上的担子关乎人民和国家。任务只能提前完成,绝不能延后一秒,在水利部和集团公司的指导中,中线公司经过近几个月的充分准备,2022年8月25日,穿黄工程和焦作1段工程最后一个设计单元通过完工验收。当这一喜讯登上央视新闻的时候,所有南水北调的工程建设者都为之自豪,作为如此重要时刻的亲身经历者,刘敬洋更尽情地享受"功成有我"的强烈满足感和荣誉感。

四年来的上百次会议、河岸边的千万步脚印、堆积如山的文件资料……其中的辛苦刘敬洋鲜少提及,快节奏高标准地完成工作在她的眼里只是分内的事情,"我的经历不是特别丰富,几年里做好一件事,在跨流域的大工程中的小小方面有一点自己的贡献,也是自豪的事情。"她笑着说。向追赶时间的验收工作者们致敬!

"只要有机会,我就要求去现场"

精益求精的工作作风离不开背后一点一滴的付出,也同时塑造了着她科学严谨、乐观积极、灵活机敏的工作态度和个人品格,她的成绩,有迹可循。

2014年6月,刘敬洋从河海大学水利水电学院硕士毕业,于河北邢台管理处见习。刚毕业的她十分要求上进,虽然在综合岗上没有什么机会专门进行沿线检查,但她一有机会,就会让工程处的同事带着自己到现场学习。

经过一年积累,她对工程现场已有初步的了解,来到北京后,开始从事验收管理工作,这又是一个新的开始。

南水北调的全线验收对初出茅庐的新手来说是个不小的挑战,即使她已经有过一年的熟悉期,但来到北京后繁杂的工作仍然让她有些应接不暇。为了快速掌握全线工程情况和工作内容,她一头扎进档案管理工作中,"这是一个能够让人快速融入适应的方法",她说。作为公司新人,刘敬洋秉持着"不懂就问"的工作态度,勤思考、敢提问、用心学,拿起本子,放下面子,前辈们也喜欢这个好学的小姑娘,宝贵的经验入了她的耳,更入了她的脑和心,三五年下来,她俨然成了合格的"业内专家"。

除打磨过硬的本领之外,她还时刻鞭策自己保持严谨的工作态度,在验收工作完成前,永远保持紧张有序的工作进度,确保每月计划按时完成。当被问到工作中是否遇到过"突发状况"时,她不假思索地说:"我们的所有工作都是按计划进行,几乎没有突发的事件。"这看似平常的工作背后,需要一以贯之的执行力和始终如一的耐心。

刘敬洋不打无准备之仗,对一年的验收工作在年初就做了计划。疫情期间她对验收工作同样做足了准备,创新了"线上＋线下"工作方式,通过腾讯视频会议直播工程现场情况,并在不同地点提前安排同事待命,以便镜头切换进入下一个工程现场。"一个点到另一个点开车可能都要半个小时,连线的时候不能让大家都等着",她介绍道,"这样一来,专家想看哪个地方直接镜头切换就可以了。"

编好南水北调这个"大篮子",还需条条"秸秆"自身硬。刘敬洋在十年的工作中磨炼了过硬的意志品质,也正是她和无数南水北调工作者的一道努力,才能有一渠清水永续北上。

"顾老师手下的论文,都是免检产品"

受到家庭影响,刘敬洋小时候就经常去大坝上玩,看着江水河水并排从闸口喷薄而下,滔天的声浪和奔涌的水花震撼着她的视觉和听觉;偶有微风拂过晶莹如玉盘的水面,阵阵清凉平息了夏日烈日蝉鸣的燥热……耳濡目染中,对水工建筑的向往和好奇渐渐在她的心里扎根,"兴水利、除水害"成了她小时候懵懂而美好的梦想。考研时,河海大学顺理成章成了她的第一且唯一的目标,2011年,她成功考入河海大学水利水电学院,进入顾老师门下,开始扎根"水灾害与水安全"方向的研究。

提起顾老师,她笑意盈盈:"在河海的三年是我最快乐的时光。"一进师门就被顾老师和门下师兄师姐们的学术氛围所感染,也暗暗发誓要好好向他们学习,学出点真本事来。刘敬洋本科学习的是土木专业,顾老师得知后,向她推荐了一些水利专业书籍,也鼓励她旁听本科生课程来补习基础知识。

"顾老师的工作作风是很严谨的",回忆起自己的恩师,她这样形容。顾老师不仅带硕士、博士生,还有学校里的行政工作需要处理,但他仍会常常到研究生的办公室里"溜达",指导他们的学习。

顾老师对学生的论文写作要求很高。研二开始,刘敬洋便着手准备自己的毕业论文,经过师生数次讨论,从笼统的大方向渐渐确定了具体的研究题目,写作完毕后,论文经过了顾老师前前后后共七次的修改。"顾老师真的是一个字一个字去看,用铅笔一点一点地改,一句话一句话地顺",她笑着说,"顾老师改过的论文都不用查重啦!"导师的治学态度也一直激励着她不断完善论文,就这样七次系统认真地修改下来,半路转入水利专业的她,毕业论文在老师的指导下被评为"优秀毕业论文",三年的学习也让她具备了科学求真的钻研精神,这种精神的培养为她后续从事验收管理工作打下了极为有利的基础。

三年的研究学习时光看似短暂,但却能影响她的工作甚至长长的一生,她把在河海求学期间获得的宝贵经验分享给学弟学妹们:"找好定位,提高专业能力,在学生时期培养严谨的学习态度,这将使你受益终生!"她的感悟正是"严格要求、勇于探索"这条校训的生动体现。

"天下有溺犹己溺",像刘敬洋这样的河海人用自己的所学,在南水北调这项"惠泽数兆黎"的伟大工程中,定传得"千秋昌明时!"

(作　者:冷明慧)

逢山开路　遇水架桥
——记工程力学专业 1995 届本科生校友闫海青

个人简介

闫海青，1972 年生于山西，1995 年本科毕业于河海大学工程力学专业。教授级高级工程师。主要负责桥梁工程的设计、咨询和研究工作。在他的带领下，先后完成设计并实施的大桥、特大桥桥梁近 800 座，其中业界有影响的特大桥有重庆万州长江三桥、云南昆明洪门渡乌江大桥、南水北调中线澧河渡槽等，曾荣获全国优秀咨询成果奖三等奖、重庆优秀设计一等奖、湖北省科技进步奖三等奖、武汉优秀设计二等奖等；他曾取得 5 项发明专利、16 项实用新型专利，多次获得院先进工作者、院先进项目经理、院优秀导师等荣誉。现为长江设计集团长江勘测规划设计研究有限责任公司总工办副总工。

碧波荡漾奔千里，一江清水向北上，南水北调工程是中华民族治水史上的伟大创举，它始于 1952 年毛泽东主席视察黄河时提出的一个大胆又浪漫的构想，经过半个多世纪的规划、筹备和建设，如今南水北调中线工程已成功通水 9 年，惠泽沿线 6000 万人口。在这项伟大工程中，有上千座跨渠桥梁肩负着连接渠道两岸的作用。闫海青所在的长江水利委员会市政交通院，负责其中 203 座桥梁的拆除复建工作，而他作为该项目的主要负责人，为南水北调工程的交通事业做出了自己的贡献。

架桥通渠，工程见证

1999年是长江水利委员会市政交通院成立的第一年，这一年是闫海青参加工作的第四年。在此之前，他主要从事坝工设计方面的工作，被调到市政交通院后，他的工作从设计水工建筑转变为设计桥梁。"一开始肯定是痛苦的，大概有半年到一年的时间"，他坦言，面对这个自己不熟悉的领域，虽然有挑战，但他没有被困难吓倒，而是以饱满的工作热情、严谨的工作作风主动适应。好在无论是坝工设计还是桥梁设计，涉及的都是力学方面的知识，很快，他就凭借过硬的专业能力，处理工作变得轻车熟路起来。

南水北调中线工程全长1277千米，整个工程涉及上千座桥梁的拆除复建，闫海青带领团队负责其中203座桥梁的建设工作。然而工程开工时，他们的设计图纸却远落后于现场需求。接到建设任务后，他带领一个10多人的团队，赶赴南阳现场，紧锣密鼓地开始工作。按照国家的工程招投标程序，在设计单位的招投标确定之后，许多施工单位的招投标也应确定，这就意味着留给闫海青他们的时间大概只有一个月，在这段时间内他们要将图纸拿出来。这样紧张的时间，这样大的工作量，基本是不可能完成的任务。"经常是施工单位就在我们办公室坐着，我们做一张图出来，如果审查没问题，他们就开始做，"提及当时的情景，他感慨道，"其实这也反映了我们国家对基建工程的重视、追求效率，希望老百姓早一点受益，中国速度也体现在这一方面。"

为了不耽误工期，闫海青和团队成员经常加班"开夜车"——晚上熬通宵赶图纸，第二天简单休息一下，又迅速投入到新的工作中。而作为团队的负责人，他在提高效率方面也有自己的方法。他提前制订一个总体的工作计划表，然后按照人员的专业和特点将工作细分到人头，安排好每人每天的工作量。在他看来，利用好团队的力量才是一个工程项目成功的关键，作为团队的领导，他充分相信每一位队员的能力和努力。也正是因为他的信任，他的团队十分团结，每名成员在每一个岗位发挥着自己的长处。就这样，经过3个月的高强度现场赶工，他们最终满足了施工需要，交上了一份满意的答卷。

对于闫海青来说，在市政交通院工作20余年，拥有一支亲手培养的团队是他觉得最幸福的事。当初和他一起做南水北调桥梁复建的团队成员们现在已经成为他的老搭档、老朋友，在合理安排工作的同时，他体谅员工们经常外派到现场长时间工作的不易，常常去看望员工家属，做好后勤安抚工作。在他的培

养下，团队成员都成长得很快，有的已经成为正高级工程师，从交通院走出去，在别的岗位建功立业。而现在，团队也在不断地接纳新成员，他经常和年轻同志讨论交流，认为这是一个不断学习、相互促进的过程。"团队精神就是互相信任，"他说，"在一起共事中能看到这些年轻人的成长，我也很欣慰。"

做一名合格的工程师

在闫海青看来，水利行业与其他行业最大的不同就在于涉及的专业很多。任何一项水利工程，工程师都要考虑诸如施工条件、经济条件、环境条件等诸多因素。因此，他认为，一名合格的工程师不应该只会设计，还应该对其他相关专业也非常熟悉，并且要具备一定的沟通能力，能与业主、监理、施工单位以及地方政府达成共识，这样设计出来的工程才能满足不同群体的不同诉求。

在实际工作中，闫海青感受到，很多刚参加工作的年轻人专业知识很扎实，但对其他行业却知之甚少，只能称为一名"设计师"，却不能成为"工程师"。"当然，我也是在工作之后，能实际接触工程，参与各种各样的项目，与各行各业的人沟通之后，才慢慢成长起来的"，他说道。直至今日，已经从事水利工作近30年的他，仍然认为自己不能完全算是一名"工程师"。"还要继续努力"，他谦虚地说。他希望年轻人在学校时就多多深入接触实际工程,培养综合实力,这样在工作中才能更快适应。

回顾自己的工作生涯,他认为自己能为国家的水利事业奉献一份力量,能把青春年华交付给如此有意义的工程,是很值得自豪的事。对于自己能从开工到竣工全程参与南水北调的桥梁复建,并继续参与引江补汉工程等的桥梁和下穿通道建设,他感到十分骄傲。

这份骄傲,来自他无数个日夜的付出,来自他对自己的严格要求,这也是对他在这个岗位默默付出的回报。

在河海的年少时光

谈及当初为什么选择水利,闫海青坦言是受了从事水利工作的父亲的影响。家乡山西缺水,在父亲的影响下,他早早就知晓水利是一个关乎国计民生的行业。至于为什么选择河海,他直言是因为"名字好听"。就这样,在机缘巧合下,19岁的闫海青离家万里,独自来到南京,来到河海大学,在清凉山麓的象牙塔中,度过了本科时光,也许那时的他也没有想过,未来他将把在河海学到的知识运用到一项项举世瞩目的工程中。

在那个物质并不充裕的年代,他的大学生活过得并不轻松。四年的大学时光,他过得很拮据,几乎每天都在为经济状况发愁。为解决自己的困境,他经常勤工俭学,从给系里的老师帮忙、用软件画数据网格图,到去南京水利科学研究院做水力学实验,这些工作经历不仅减轻了家庭的负担,也使他比其他同学多了一份实践的机会。"当我实际接触之后才更清楚地明白这些工程的原理,这对我的学习有很大帮助",他这样评价这一段经历。

然而,物质的匮乏不能阻挡学习的热情,在学校里的每一堂课他都孜孜不倦。令他印象最深的是力学系王德信老师的课堂,"当时很多课程结束后都是定时考试,但王老师给了我们一个题目——'南水北调的东线、中线、西线,哪条线路好',让我们两个礼拜内上交一篇论文"。他清楚地记得,作为一名在读本科生,年轻的他认为只能建设中线——因为东线污染大,西线没有必要。然而,30年过去了,在深入从事南水北调建设工作后,他深刻体会到每条线都有每条线的优势,都是不可替代,也是必须建设的。但那时思考、学习查阅资料,并最终形成自己观点的过程,仍然是他探求知识的青年时代获得的宝贵财富,或许就是从那时开始,他与南水北调工程注定结下不解之缘。

毕业多年,闫海青也时常回到母校,"去年我还回了一次西康路校区,"他笑着说,"学校的梧桐大道还是老样子。"岁月流转,母校图景仍是当年模样,这何尝不是过去光阴的见证。

如今南水北调中线工程已全面实现通水,给北方人民送去了清泉,而由闫海青负责复建的203座桥梁,也稳稳仁立在工程沿线,沟通两岸,注视着这项世纪工程。

(作　者:任瑞杰)

铿锵巾帼，书写水文"尖兵"的责任担当
——记陆地水文专业1991届本科生校友孙正兰

个人简介

孙正兰，正高级工程师，1991年本科毕业于河海大学陆地水文专业，同年至江都水利工程管理处工作，现为江都水利工程管理处水文站站长，负责江都大型枢纽工程水文水资源技术和行政管理工作，从事枢纽工程的水文测报、水资源管理、工程优化运行、防汛抗旱以及河湖管理等相关工作。她连续16年被评为江都水利工程管理处先进工作者，连续十余年被国家事业单位工作人员年度考核为优秀，获评江苏省水利厅2005—2006年度全省水文系统先进个人、2020年度省水利厅系统优秀共产党员。

从业以来，孙正兰一直致力于用科学的方法与手段提高基层水文工作的质量和成效，潜心研究并解决大型枢纽工程流量精度控制和工程运行维护等方面的问题，在中文核心期刊发表多篇专业科技论文，作为编委和主要编写人员出版多部专著和江苏省水利行业管理办法，获批国家专利和计算机软件著作权数十项。她所在的水文站以创新争优的一流工作业绩、保障大型枢纽工程优质的技术服务和过硬的人才队伍建设成果等于2018年获"江苏省五一巾帼标兵岗"荣誉称号。她还作为技术负责人参与实施多项科技项目，其中完成《大型水利枢纽工程的效益分析研究——以江都水利枢纽工程为例》《江苏省江都水利枢纽工程信息系统研究与应用》课题，均获得2017年度江苏省水利科技进步奖三等奖。

从家乡到江都，坚守水利初心

孙正兰出生于江苏兴化，那是整个江苏的低洼地区，老人们都称之为"锅

底"。每逢雨季,孙正兰都会看到家乡在多日降雨下变为一片汪洋,也曾经因发生洪涝灾害,庄稼颗粒无收,乡亲们穷得叮当响。目睹了家乡的昏垫之厄,奉献水利事业的梦想在孙正兰的内心暗暗扎根。

1991年夏天,孙正兰从河海大学陆地水文专业毕业,恰逢里下河地区遭受百年罕见的特大洪涝灾害,大水漫灌了兴化地区90%的村庄。面对特大洪灾,南濒长江、北连淮河的江都水利枢纽工程挑起了吞吐调配的职责。从兴化出现3.38米永久极值最高水位,到大水退至警戒水位以下,江都水利枢纽工程在其中发挥了极大作用,创造了惊人奇迹。刚刚来到江都水利工程管理处工作近一个月的孙正兰,亲眼见证了江都水利枢纽化浩劫洪流为安澜江河的力量,更加深了对水利工作的认知,也由衷感到水利工作的神圣,并下定决心为之奋斗、为之奉献。

工作期间,她全力参与苏北地区水资源配置监控调度系统一期工程、国家防汛抗旱指挥系统一期工程和省级水情报汛站自动测报系统改扩建工程建设,主持完成江都水情分中心和7个中央报汛站高质量高标准水文设施建设;全程参与淮河入江水道整治万福闸加固及万福闸、芒稻闸水文站改造工程建设,主持完成其中水文工程建设;作为项目建设处副主任,主持完成省水文基本站达标建设工程中江都各国家重要水文站设施建设、省万福闸水文设施迁建工程以及万福闸、太平闸、金湾闸水文站历年资料一致性比测分析工作;主持完成南水北调东线与苏北供水源头江都抽水站流量自动监测系统建设。

孙正兰怀着水利初心一路走来,以自身力量助推枢纽工程效益充分发挥,为防汛抗旱保驾护航。她加强水文基础设施设备的高标准建设,致力于采用先进的水文信息化管理手段,为大型水利工程的安全运行和水资源的优化运用提供技术支撑和重要保障。

始终冲在第一线的水文"尖兵"

水文工作是水利事业的尖兵、防汛抗旱的耳目。建在感潮河道上的江都水利枢纽常年调度运用频繁、运行工况复杂。作为一名水文人,及时、准确把脉水情、工情,直接关系到区域水资源调配、用水效率管理和大型枢纽工程的安全运行、效益充分发挥。孙正兰工作之初,水文测量手段远没有现在先进,许多测量工作都需要最大程度贴近水面才能进行。2007年淮河发生大洪水,在保证安全运用的前提下,芒稻闸须全力泄洪。为了获得芒稻闸在长江高低潮位泄洪能力的精准数据,孙正兰带领大家清晨五点就在水上开始测流工作。"起早带晚这不算什么,最重要的是保障人员和仪器安全。"由于紧邻通航船闸,芒稻闸下游测验河面上常常停满了重载船只。芒稻闸上下游较大的水位差使得河道水流流速最高在3米每秒以上。湍急的水流如江中猛兽,冲刷之下的巨大通航船只甚至都有锚抓不稳顺流滑下的危险。为保证测流安全,在每个大潮汛的连续数天里,孙正兰每天凌晨3点多就蹲守在河面上,驱赶测验河道上停靠的大型船只。

"我们基层水文的特点就是下大雨时别人往家里跑,我们往水上冲。"孙正兰如是说。身为水文人,意味着防汛抗洪紧张关头,汛情就是命令。2018年台风"温比亚"入境侵袭,为了保证入江水道归江控制口门万福闸、金湾闸等全力泄洪,孙正兰主持万福闸至三江营约20千米感潮河段水位、流量、流速分布、河道断面监测与成果分析报告编制。水文测验必须紧随潮水的脚步开展,越是水势凶猛之时,越是水文测量加紧之时,孙正兰带领着团队冲在风口浪尖,白天与大家一起顶着烈日在行洪河面上作业,夜里完成整点时的加测加报。

在万福闸、太平闸、金湾闸汇合处宽阔的河面上,望着瞬息万变、流量在1万立方米每秒以上的湍急水流,她曾开玩笑地问过船工:"假如我掉下河,你救不救?"船工答道:"不是不救,是救不了。"旁观者眼中看到的一串串水情数据,便是靠孙正兰这样平凡的水文人在危险的水面上紧绷着神经一点点测量得来的。"只要能保障顺利测量,再辛苦都是小事、都值得。"面对测量工作的个中艰辛,孙正兰用数十年坚守的底气微笑着说道,那一份责任,她满怀幸福感地承担着。

做别人不愿做,做别人不能做

野外监测和水上作业环境恶劣,夏天炎热酷暑、蚊蝇成群,冬天寒风刺骨、雨冷路滑。水利这样一个需要大量野外劳动实践的行业,对工作者的体力有着不小的考验,孙正兰回想起早年的职业锻炼感慨颇多。野外作业中她总是走在别人前,力求达到最佳的工作效率,白天尽可能多地搜集测量数据,晚上及时完成当日数据的整理校核、确认测量数据的准确性,以便第二天开展新的测量任务。长此以往,大家都愿意跟她一起干活,她也凭着踏实肯干、一步一个脚印熟练掌握了各种测量技术,扎实磨炼了干事创业的能力本领。

作为管理处历届工程测量项目比赛的培训教师,面对大强度、高水准的一次次艰苦演练,孙正兰总是与参赛选手一起并肩作战。时间紧,她便带着水文技干利用"白加黑""五加二"对参赛选手进行培训。"要么不做,要做就尽力做到最好!"这位大姐姐敬业的工作态度、严谨的工作作风让年轻的选手们备受感动之余更加勤奋刻苦。名师出高徒,参赛者们技术突飞猛进,练就了即使单腿跪着也能在极短时间内完成要求极高的工程测量任务的"神技"。

"身担责任,只有主动做别人不愿做、做别人不能做的事,才能带动团队一心前进。"事事以身作则树榜样,处处率先垂范作表率,正是在孙正兰长期的带动和影响下,不足20人、超过半数女同志的水文职工队伍人人能吃苦,个个能战斗,水文各项工作在全省同行中名列前茅。谈起自己带领的水文队伍,孙正兰的语气充盈着自豪,因为技能大赛是对水文人扎实基本功最严格的考量,成绩的取得是对他们工作能力的最大认可。10多年来,孙正兰以切实解决工作中的实际问题为出发点,从日常工作的点点滴滴中找问题抓学习点,以"每月一试""每月一练""每年一赛"等理论与实践相结合的方式,由浅入深、循序渐进,使一支学历多为高中以下的水文职工队伍的素质得到了质的飞跃,团队中涌现了多名"江苏省水利系统技术能手""江苏省技术能手""江苏省五一创新能手""全国水利技术能手",其中多人获得"全国水利技能大奖"并先后成为江苏省水利系统"111人才工程"高技能培养对象和青年骨干人才培养对象。近年来,水文站多人不仅在历届江苏省水文勘测大赛中成绩名列前茅,还连续多次代表江苏省水文局和水利厅参加全国水文勘测大赛、全国水工监测工职业技能竞赛并取得骄人的成绩,为江苏水文及江苏水利争了光添了彩。

一路走来,河海精神是源泉

回忆起在西康路一号求学的日子,孙正兰还能清晰地记起曾教导过她的谢悦波老师,"我是谢老师的第一届学生,现在还时常跟谢老师保持联系、交流讨论"。河海4年的专业培养也让孙正兰受益久远,扎实的知识积累给予了她技术与实践创新的动力。"艰苦朴素、实事求是、严格要求、勇于探索"的校训更是成为包括她在内的很多同学的人生准则。

多年的兢兢业业、扎根工作,孙正兰对江都水利枢纽在南水北调东线的重器作用有了越来越深的理解,在她看来,水利不仅于国、于社会是民生之本,哪怕于自己的小家都有着别样的意义。她谈到儿子小时候便对自己佩服不已,她常认真地向儿子讲述自己从事工作的内涵,水利人容不得半点骄傲,只有自己不怕吃苦、不断进步,才担得起治理脚下这片清流的职责。孙正兰正是以数十年如一日的勤勉、执着坚守、默默奉献,践行着初心使命,把胸怀"国之大者"体现到担当作为的实际行动中。

干一行、爱一行、精一行,这是孙正兰作为一个水文基层人数十年如一日认定的道理。从河海启程,在长江扎根,这位铿锵水利巾帼,正自豪地见证着水利管理的现代化建设和高质量发展,在南水北调的国家大计征程上踏浪前行。

(作　者:姜秋晨)

五十余载丹江情　毕生耕耘润兆黎

——记河川枢纽及水电站建筑专业 1963 届本科生校友杨小云

个人简介

杨小云，女，汉族，江苏省金坛人，1939年1月出生，1980年1月加入中国共产党，教授级高级工程师，享受国务院政府特殊津贴。毕业于华东水利学院（现河海大学）河川系河川枢纽及水电站建筑专业，1963年8月大学毕业参加工作，从事汉江丹江口水利枢纽初期工程和大坝加高工程建设、管理工作53年，历任汉江丹江口水利枢纽管理局技术处主任工程师、副处长，汉江水利水电（集团）有限责任公司技术部副部长，南水北调中线水源有限责任公司工程部技术顾问，中国水利学会工程管理专业委员会大坝安全学组成员等职。现为汉江水利水电（集团）有限责任公司处级退休干部。

2014年12月12日，丹江口水库首次实现蓄水160.27米，滚滚波涛以排山倒海之势涌向北方，这宣告着被称为南水北调"水龙头"的国之重器——丹江口水利枢纽工程在经历两期工程后，实现中线全线通水。这一刻令在场所有人都激动不已，而人群中有一位时年75岁的老人——杨小云，作为唯一参加过丹江口水利枢纽初期工程、丹江口大坝新老混凝土接合试验项目和加高工程的建设者，她已经守护了丹江口工程逾半个世纪。

半世纪守望为送一渠清水向北上

1963年是杨小云来到丹江口的第一个年头,当时的丹江口工程由于工艺和质量方面出现问题,已于1962年2月停工。停工前,已经浇筑的约90万立方米大坝坝体混凝土存在架空和冷缝、裂缝等质量缺陷问题。所幸在时任湖北省省长张体学等领导的多方努力下,丹江口工程没有下马,而是将主体工程施工停下来,开始处理质量问题。杨小云的第一份工作,便是进行补强工作的坝块水泥灌浆试验。在工程师前辈的指导下,她所在的施工技术处选定4个坝块进行实验,刚毕业的她怀揣着青年人的热血与理想,义无反顾地投身一线,与工人们同吃同住同劳动。经过两年的时间,施工技术处确定了采取坝体混凝土补强工作的灌浆和打孔方式以及选用的机电类型等关键步骤,最终向组织呈交了一份科学严谨的实验报告,为丹江口工程复工准备工作做出了重要贡献。

1964年底,丹江口工程的建设人员终于迎来了大坝重新开工,而杨小云和同事们的成果也成功应用于1965年至1967年的坝体补强施工,并经受了钻孔取芯等检验工作的考验,结果证明其完全合乎建设要求。

随后,因为在坝体补强工作中的卓越表现,年轻的杨小云被派去参加大坝深孔溢流面的混凝土浇筑实验。丹江口大坝的溢流孔由12个深孔和20个表孔组成,其中深孔泄流量极高,对溢流面浇筑也有非常高的要求。当时业内常用的浇筑技术是真空作业,施工工序多、工期长,而浇筑工作又必须在一个枯水期内完成。面对这一难题,她和团队伙伴没有陷入"死胡同",而是经过现场反复实验,创新性地提出了一种全新施工方法——在溢流面浇筑的最后50厘米采用水灰比较小的低流态混凝土,并用人工磨面的方法进行衔接。这一工艺大大加快了施工进度,最终他们在汛期来临前圆满完成了任务。在此后的几十年里,丹江口大坝深孔溢流面在每年的检查中都达到安全标准。此外,这套由丹江口工程建设人员率先开发的混凝土浇筑工艺还被应用到葛洲坝工程等其他国家重大水利工程中,在我国的水利技术发展史上留下了不可磨灭的一笔。

在之后的工作中,杨小云先后参加了闸门漏水处理、大坝水下裂缝修补等重要工作,也见证了1967年丹江口大坝下闸蓄水、1968年并网发电以及1973年第一期工程完建等诸多历史性的时刻,其中最令她难忘的当属1983年的抗洪抢险工作。

1983年10月上旬,正值丹江口水库汛末收水时期。然而,10月3日至

6日,一场罕见的全流域性大暴雨突袭汉江流域,4天时间里流域平均降雨量高达135.4毫米,作为汉江干流的主要控制工程之一,丹江口水库的洪峰流量更是达到了34300立方米每秒,洪水以万钧之势奔腾入库,毫不给人喘息的机会。杨小云清楚记得,在大坝打开5个深孔和8个泄洪孔,最大下泄流量达到19600立方米每秒的情况下,10月6日的水位仍达到了160.07米——已然超过丹江口大坝正常水位3米,巨大的泄洪流量让闸门发生了剧烈的抖动,"我站在人行道板上,说话说不成,写字写不了,抖动得太厉害了",她这样回忆当时的情景。纵使脚下汹涌的波涛距离抢险人员所在的闸门顶只有7厘米,抢险人员也毫不退缩,在电闪雷鸣、风雨交加的夜晚,她带领她所负责的混凝土坝巡视检查组的成员无惧这样的紧急凶险,沿着坝顶一寸一寸地检查。在一周的时间里,密切注意着水库水位和坝体状况,时刻严阵以待。最终水库水位保持160.07米未上涨,并开始缓慢下降,在所有人的拼搏下,丹江口大坝的抗洪斗争取得了成功。

这次洪水说明现有的162米坝高还不足以承担南水北调中线工程"水龙头"的重任,于是按照最初的构想,丹江口二期工程被提上日程。1992年,长江委完成了丹江口大坝加高工程初步设计。1994年1月,南水北调中线工程可行性研究报告通过水利部审查。初步设计后,长江委和长科院进行了试验研究,多次召开会议,决定在丹江口现场进行大坝新老混凝土接合生产性试验。现场试验从1994年11月开始,而此时杨小云还有4年就可以退休安享晚年,但她接到此项任务后,主动请缨,担任现场试验项目负责人。

丹江口大坝加高的方案在业内称为"贴补戴帽",新老混凝土接合是进行大坝加高工程"贴补戴帽"的关键性难题。据她回忆,当时长江委派出许多专家到国内外考察,得到的结果却是国内外都没有规模如此大的"贴补"加高工程,作为项目负责人,这意味着杨小云和她的团队只能自己研究摸索。项目试验点选择在二期工程的大坝右5、右6两个坝段进行1∶1的现场实验,持续了5年,前后分3次进行,成功解决了大坝加高"贴补"施工中选用什么混凝土、温度对结合面有什么影响以及如何处理开裂等诸多难题。每次实验结束后,她都要加班加点地编写试验技术总结报告,及时将结果反馈给长江委,并用裂缝计、钢筋计等不同仪器检验结合率——3次实验共埋设了258套检测仪器,她全今还清楚地记得这个数字。最终长江委结合有关试验分析,对3次新老混凝土接合现场试验作出了评价——资料可靠、施工工艺等可用于丹江口大坝加高工程。

"我是全程参加了这个试验,从1994年11月的第一次试验,到1999年

4月第三次实验结束,我全身心投入其中,"提及这次实验,她感到无比自豪,"大坝加高的全工艺基本是我们试验的结果!"2005年9月26日,丹江口大坝加高工程开工,当时年近古稀的杨小云已经退休,在电视上看到大坝开工的消息时,心情仍无比激动与高兴。"当时是很希望参加这个工程建设的",她说。2005年1月她被南水北调中线水源公司返聘,如愿继续参与丹江口大坝加高工程的建设至2015年12月。10年工作里,她参加了大坝加高工程建设以及蓄水、主体工程、单位工程和其他专项工作验收等关键性工作。

此外,在丹江口初期工程建设及运行期间,她负责对坝体裂缝进行监测、检查和处理等工作。随着大坝加高工程揭顶加高,发现初期的坝顶、上游坝面和坝体内的裂缝数量增加较多,部分裂缝规模有所扩大,这一情况引起了各方的高度重视。2007年,中线水源公司委托长江设计公司编制《丹江口大坝加高工程初期混凝土缺陷与检查处理报告》,她作为此项工作的业主代表,全程参加了坝顶、上游面水上水下、廊道内裂缝等缺陷检查及处理,以及初期坝体混凝土钻孔检查和闸墩层间缝检查及处理工作。其中,在3右至右3坝段之间,采用绳锯"锯缝"切割5条横缝,恢复各坝段独立变形技术,以及老坝体上游面水下裂缝等缺陷检查及处理,技术先进、复杂、工程量大,创造了中国水利工程史上的光辉成就。

丹江口工程是三代人不变的坚守

1963年,24岁的杨小云大学毕业分配来到祖国的腹地中部,投身到丹江口水利枢纽工程建设中。在那个没有高铁动车的年代,从南京到丹江口800千米的路程需要几经周转,更换多种交通工具,可谓路途艰辛。带着全部行李,她与22名同学从南京浦口坐3天轮船先来到武汉,紧接着再改乘汽车去丹江口。当时的乡村公路不像高速公路一样平整,再加上盘山公路的起伏曲折,汽车开起来总是颠簸,这令本就晕车的她倍感疲惫。这段路程不仅足足花费了一周时间,途中还遇到了暴雨拦路,"我的那些书都潮了,晒干之后又弄丢了",她回忆起当时的雨夜,带着惋惜说道。

那时,丹江口的工作生活条件非常艰苦,施工人员住的是瓦房子集体宿舍,夏季暑热难熬。来到丹江口后,杨小云和她的先生周子明被分配到丹江口工程局施工技术处一起工作。"我参加工作还是很开心的,因为可以领工资了",乐观的她笑着说。她的先生周子明也在丹江口为国家水利事业的建设贡献了毕生心血。周子明身体较为瘦弱,因长期工地工作患有胃病,受制于当时的医疗条件,一直没能去大医院确诊具体病灶,没有得到根治,坚持投入一线建设,下工地,甚至承担繁重的体力工作。1966年,他在施工现场炒沙子时突然晕倒被送进医院,确诊为胃溃疡,做了手术。此后,他的身体状况虽不能够继续奋斗在建设一线,但他依然"闲不住",从事技术、计划管理等工作。"当时的观测资料分散得不得了,他非要组织一大帮人坐下来去整理",杨小云回忆道。事实证明,梳理观测资料对后续的工程管理工作发挥了很大作用,也为大坝加高奠定了基础。

在躬耕丹江口工程建设之外,杨小云也为水利工程文化建设贡献了一份力量。她参加"回顾历史　不忘初心"主题党日活动,做《丹江口工程记忆——纪念丹江口工程开工60周年》讲座;为长江委的团员青年上微团课,介绍丹江口建设的辉煌历史;担任丹江口工程讲解员,讲述大坝的"前世今生";更在耄耋之年编写技术总结,为保障国之重器的安全运行发挥余热。

直至今日，杨小云依然时刻关注着丹江口大坝，几乎每天都会到坝前公园里走走，看看这座她倾注了毕生心血的工程。2014年接受采访时，她说她的心愿是希望看到丹江口水库蓄水到正常高水位170米。2021年10月，她的梦想已经顺利实现了。她笑着说："现在我只想三件事，第一是有生之年看到丹江口工程能整体通过国家验收；第二是设计洪水位能达到172.2米；最后希望能看到引江补汉工程完成。"

矢志于丹江口水利枢纽初期工程、大坝新老混凝土接合试验和加高工程，杨小云练就了过硬的专业本领，树立了"为人民服务"的治水初心：立志向北方送水，立志为人民造福！她是这样想的，也是这样做的。几十年来，杨小云夫妻伉俪情深，携手在丹江口工作一生，奉献了全部的青春和热血，这便是对青年最生动最美好的言传身教。一代人有一代人的初心，一代人有一代人的使命。在两人的榜样示范教育下，他们的子辈、孙辈纷纷接过接力棒，继续在汉江集团为南水北调事业不懈奋斗，赓续大国工匠的拳拳赤子心。

秉持"为人民工作"的殷殷华水志

1917年，著名数学家华罗庚的恩师王维克曾就读于河海工程专门学校（河海大学前身）。巧合的是，41年后，从华罗庚中学毕业的杨小云与前辈步履合辙,同样选择了河海大学。提及当初为什么师学农水专业,她直言离不开家庭的影响。在农业生产尚不发达的年代,生长在江苏金坛农村的她日渐感到保障耕地正常排灌水的重要性,于是,投身水利事业的种子便悄悄在心中萌发。入学一年后,农水系改组为河川系,她选择了河川枢纽及水电站建筑专业(五年),成为院系班级里为数不多的女生。正如她所说:"搞水利事业建设是很光荣的事情!"

1958年是她入学的第一年,也是三年困难时期来临前一年,学校的吃住条件都较为简单,但在物质条件不充足的年代,校园文化生活却并不贫瘠。她在工程馆、水利馆里聆听徐芝纶、陶碧霞等名师授课,求知若渴,打牢了扎实的专业功底。老师们不仅教会她知识,更帮她树立人生志向,"我们应该为人民工作",这句她反复提及的话,充分体现了老一辈知识分子朴素而崇高的报国志向。课堂学习之外,学校还组织同学们来到新安江水电站实习,看土石坝闸门,学金属结构,了解水轮机相关知识。"咱们学校的教学扎实,比如学水工却不仅仅局限于专业内的知识",她认为,华水人才培养最大的特色就在于水利专业学习知识面涉猎甚广,相关专业的内容都要掌握。"这样才能在应对复杂的实际问题时全面评估情况,攻克技术难题。"

除重视人才教育和学风建设外,学校也关注学生们的身体健康,各种文体活动多种多样,摩托车队、体操队等社团丰富了大家的课余生活。杨小云在校时加入了划艇队,经常和队友们相约去玄武湖的水上俱乐部划船,并参加了多次比赛。体育锻炼增强了她的身体素质,也让她结交了很多志同道合的朋友,毕业时她专门做了相册,把同学们的照片都贴在上面,一直珍藏到现在。

非学无以广才,非志无以成学。在华东水利学院求学过程中,她厚学专业知识,勾勒一座座蕴含巧思的水工建筑;毕业后,她传承前辈风骨,成长为德才兼备的水利专家。而今作为一名杰出校友,她寄语青年学生要做到"认真学习、认真工作、认真做人",才能真正做到"为人民工作"。

50多年来,丹江口水利枢纽工程建设贯穿了杨小云的人生,大坝每一处,她已走过千百遍。杨小云说:"大坝的每一个部件、每一处地

方我都熟悉,它就像我的孩子一样。"

正如一位母亲,她倾其心血,陪伴着丹江口水利枢纽工程的成长,从大坝初期建设、加高完工到水库满蓄,丹江口工程在她的守望下建成,巍巍大坝是对她的心血最好的见证。从建设一度停摆到工程有序建成,从施工具体方案制订到运行管理条例编写,从亲历1983年特大洪水抢险到守护江河一方安澜,从攻克新老混凝土接合难题到大坝加高技术创世界先例……半个世纪的坚守,是这位"母亲"不让须眉的担当!

(作　者:任瑞杰　冷明慧)

伴水而行三十载　国之重器鉴春秋
——记水资源规划及利用专业 1991 届本科生校友吴学春

.... 个人简介 ....

吴学春，现任南水北调江苏水源公司副总经理。1991 年从河海大学水资源规划及利用专业毕业后便进入江苏省水利勘测设计研究院工作。2006 年，吴学春进入南水北调江苏水源公司工作，历任南水北调江苏水源公司计划发展部副主任、调度信息中心主任、调度运行中心总经理、调度计划部主任、总经理助理。这期间他身兼数职，曾兼任省南水北调调度运行管理系统和管理设施工程建设局副局长、淮安分公司总经理、南水北调江苏水源公司工程管理部主任，至今仍兼任省南水北调里下河水源调整工程建设局副局长、省南水北调调度运行管理系统和管理设施工程建设局常务副局长。

2021 年 5 月 14 日，习近平总书记在河南省南阳市主持召开推进南水北调后续工程高质量发展座谈会并发表重要讲话。他强调，南水北调是跨流域跨区域配置水资源的骨干工程。南水北调工程，是造福人民的调水之线，生命之线。从规划设计到行政管理，吴学春见证了南水北调东线在江苏境内几乎所有项目的落地。这一路走来，筚路蓝缕，朝乾夕惕，他将热情献给澎湃河流，将青春写入治水荣耀。

运筹管理　治水兴邦

水利工作不仅需要过硬的技术,还要有卓越有效的管理。在江苏省水利勘测设计院工作的 15 年间,吴学春主要参与了淮河入江水道、淮河入海水道、太湖清淤、沿海滩涂开发等项目工程的方案设计工作。其间,因参与江苏省境内南水北调前期工作的人才紧缺,他被借调至省水利厅南水北调前期工作办公室(2003—2005 年)、省南水北调办公室(2005—2006 年),参与南水北调东线的论证工作。

2006 年,吴学春从设计院调到南水北调江苏水源公司工作,工作地点也从扬州转到了南京。由于项目工期紧、工作节奏快,他经常在外不能回扬州的家,直到 2007 年家人搬到南京,才结束两地分居。在江苏水源公司工作的近十年间,吴学春都在做计划发展的工作,主要负责投资计划和前期工作的组织,包括审查、审批、内容把关等。有丰富规划设计基础的吴学春转向偏重管理和行政的工作并没有困难,倒是投资管理方面的工作给他留下了深刻的印象。由于材料价格、人员工资等的不确定性,最开始制定的项目预算在最终开工时可能是不合理的,为保证工程的质量和进度,需要制定项目预算管理办法、动态的价差管理办法,依照事实依据进行动态管理。受各地物价和物价变化率的影响,需要在统计各原材料的原产地以及不同产地的指导价后,进行大量的分析,争取以最优的预算方案完成项目建设。这一方案的制订花费了吴学春和团队成员大量的心血,项目在淮安四站进行首次试点就取得了成功,在后续项目的运用中也广受好评。

2013 年,南水北调东线一期工程江苏段通水,通水前后都需要进行大量调度工作,但因为现场大部分是建设人员,对调度不熟悉,泵站开机、河道送水等复杂的工作都需要做决策。公司先后委任吴学春担任调度运行中心总经理、调度计划部主任,组建队伍来负责调度管理,并建立相关工作机制。因此,吴学春牵头组建了相关部门,并且手把手教部门人员观测重点、应对方法和注意事项,通过不断的学习和实践,由他一手带起的部门逐渐走上了正轨,成为南水北调东线调度工作的中坚力量,为一江碧水向北流贡献了智慧和力量。

在江苏水源公司的工作已然十分忙碌,但因建设需要,吴学春身兼数职,协助解决各类问题。在兼任南水北调里下河水源调整工程建设局副局长时,吴学春主要负责把关和协调工作,这一项目涉及扬州、淮安、泰州、盐城四个市,工程种类多且复杂,在他的指导和协调下,里下河水源调整工程顺利推进;兼任淮安分公司总经理时,吴学春主要负责谋划分公司定位,理顺工作思路,管理人力资源,那时的淮安分公司在发轫之始,工作缺乏抓手,吴学春依靠数十年水利规划设计和企业经营管理的经验,接过了为新公司搭建框架的重任,带领淮安分公司顺利走上正轨。

说起南水北调这一世纪工程,吴学春感慨道:"在 2000 年之前东线的前期工作就已经开始了,但连续性不强,都是断断续续地开展,2000 年之后才系统地、明确地开始。"在东线工程的论证阶段,吴学春做方案设计工作较多,后来在南水北调工程前期工作办公室工作时,担任规划组组长,又开始负责规划布局、管理、投融资、水资源配置等工作。在谈到工作从设计到规划的转变时,吴学春觉得过渡没有太大困难,因为他做的河道设计与规划联系比较密切,都需要开展气象、地理、人文、经济、功能定位等方面的统筹工作,也正是有了之前的设计工作基础,他在做规划等工作时才能更加得心应手。

2002 年,吴学春担任南水北调东线第一个开工项目江苏段三阳河、潼河、宝应站工程的总负责人。4 月,国家决定对该项目开展初步设计,计划 12 月 27 日正式开工。当时国家还没有批准规划,同时也缺乏项目建议书以及科研、勘探测量等前期工作和基础资料,然而年底就要开工,时间非常紧迫,要求第一个月就要把初步设计做出来。时间紧、任务重,即便是在前期工作都准备就绪的情况下,深化、细化的任务在短时间内也很难完成,但吴学春承诺 40 天内拿出项目的初步设计。获取基础资料、勘探等多项工作同步进行,跨科室的所有人员在大会议室内集中办公,除了吃饭、睡觉就是工作,基本没有休息放松的时间。那段日子里,吴学春是来公司最早、回家最晚的人,早上七点开始工作,白天要对外协调,晚上还要制订计划、撰写报告,常常忙碌到半夜十二点才结束,且日复一日。最终,在吴学春和团队的不懈努力下,设计方案在 6 月 10 日成功递交,他们的努力工作和设计方案都获得了很高的评价。

吴学春至今还记得那份报告是烫金并塑封过的,在那个年代这样装帧的成本还比较高,足见大家对这份设计报告的重视。当时工作人员通力合作、团结一心,得到了水利厅、地方政府等各方的大力支持,项目设计过程中提出的要求都被高效贯彻落实,这才有了 40 天交出设计方案的奇迹。开工典礼的现场,吴学春看到自己和同事多天奋斗出来的方案落到实地,心里暖极了,那份作为水利人的担当和骄傲油然而生。

灵活调度　降本减排

吴学春在南水北调江苏水源公司工作期间，深度参与了建设、安全、科创、验收、申报等多项工作，并全程参与了最早开始的南水北调东线工程规划工作。由于我国水资源在时间与空间分布上都不均衡，而南水北调工程涉及的流域多，各地旱涝情况复杂，高效合理地统筹协调成了一项艰巨的任务。但吴学春不仅顺利完成多项工作，还通过灵活调度，提高了调水效率，减少耗能，降低运行成本，实现了按需调水且节能减排的需要。举例来说，近年向北方调水，时常选择从洪泽湖调，而非选择惯例的长江，是对综合水量及耗能的双重考虑，这样既可以将抽水阶数从六阶降至三阶，还可以大大减少调水沿途的损失水量，达到总体耗能降低50%的良好效果。

"什么时候有水？什么时候调？如何实现洪水资源化？如何处理弃水？怎样降本增效？这些都是我们需要考虑的问题，"吴学春说道，"南水北调这样规模巨大、复杂的全国性工程，不仅要考虑输水情况，还要考虑水质水量等一系列问题。我们会持续监测上游径流，提前预测水量，把握调水的时间点，权衡各类因素，统筹各地用水。"

谈及对南水北调工程建设的过往及对未来的展望，吴学春提到，2000年提出的对南水北调整体的规划很完善，即使放到现在也是比较超前的。无论从工程的角度，还是从水资源配置、经济发展的角度，整体的顶层设计都做得很好。当时的决策也比较民主和科学，中央和地方都在寻求最好的契合点，以达到权衡把握。而谈及南水北调的二期规划，吴学春讲道："希望南水北调二期工程建设可以进一步完善优化体制和机制，争取做到比一期工程建设效率更高，这主要体现在后期的运营维护，因为就目前中国的工业水平来说，建立输水工程、蓄水工程、供电工程和泵站不是难题，但后期维护运营涉及的问题更复杂，如果运营不好，造成的损失更大，所以在这方面希望大家通力合作，积极创新管理方法和机制，争取做到更好。"

对于公司未来的规划，吴学春则提出了更具体的展望：随着经济社会的高速发展，公司要铆足劲，在数字化、智能化和信息化等方面有更多发展。无论是工程建设还是企业管理都是动态的，技术的提高和需求的变化会倒逼公司高质量发展，因此要不断改革创新，适应新的情况。水利人既要"献身、负责、求实"，也要"忠诚、干净、担当、科学、求实、创新"，要积极引进先进的新技术、新设备，用信息化做水利现代化的支撑，真正做到治水兴邦。

而说起数十年来参与南水北调工程建设的收获,吴学春自豪地笑了起来:"首先,这是一项全国性的、超大规模的工程,参与其中让我很好地拓宽了眼界和知识面,训练出了更广阔的思维,在工程建设和运营管理等方面都得到了弥足珍贵的经验;其次,参与南水北调工程建设让我对整个国家水资源分布、调水运行的问题和解决措施等有了更深入的认知。"可以说,参与南水北调工程建设的这几十年,吴学春收获颇丰,他也一路成长为合格的企业管理者、优秀的水利建设者。

不忘初心　水利传承

回顾起在河海大学的校园生活,吴学春至今仍十分清晰地记得自己住在九舍424宿舍,当时的条件不比现在,一个宿舍住着8位同学,但也可以和更多同学亲近起来。同学们会在学习之余打篮球、溜冰、看电影。吴学春笑道:"当年虽然课业不轻,但我们的课余生活还是蛮丰富的。溜冰场就在篮球场的旁边,电影在学校也可以看到。工作后就没怎么参与这些娱乐活动了,所以很怀念读大学的时光。"而回忆起当年河海大学的老师,吴学春滔滔不绝:教数学的老教师很严谨,知识框架和解题思路十分清晰;教水利经济的教授板书整齐利落,上课节奏恰到好处……而谈及工作后与母校的联系,吴学春提到1991届校友已经毕业30余年了,之前也在母校举办过两次同学会,回到校园大家都感到很亲切。工作期间,吴学春还回到母校攻读了硕士研究生和博士研究生,学习的脚步也从未停歇。此外,吴学春还于2018年在河海大学闻天馆参与了南水北调江苏水源公司工程运行与调度管理业务培训班开班仪式,成为河海大学商学院的客座教授。在工作中遇到河海校友,吴学春也会感到很亲切,并且夸赞道:"我在工作中遇到的河海校友业务能力都很强!"

在寄语河海在读学生时,他说河海培养方案是比较合理的,本科生学习的面宽一点,因为走上社会后遇到的工作内容不确定,可以多提前了解一些,同时要注重培养解决实际问题的能力。研究生学习的面窄一些,可以专注于几个领域,并且要多去实践。同时在校期间要注重综合能力的提升,这样才能在社会中担起更重的担子。

吴学春的妻子从事的也是水利方面的工作,在家里夫妻二人也时常谈论水利规划等相关的话题,他们的儿子在这样水利氛围浓厚的家庭环境下耳濡目染,也成了一名水利工作者。一家都是水利人,无疑是水利精神传承的最好见证。

中国的水利事业就是这样,由千千万万个坚守在普通岗位上的工作者,一砖一瓦铸就了世界瞩目的水利设施,一心一意传承着精益求精的工匠精神,一笔一画书写出了新中国水利建设的宏伟篇章。

(作 者:张 文 许小雅)

"淼淼"汉江水，且听后浪翻涌
——记工程设计专业 2013 届本科生校友吴淼

········ **个人简介** ········

吴淼，女，1990 年出生于四川安岳，2013 年本科毕业于河海大学机电工程学院工业设计专业，2016 年硕士毕业于河海大学水文学及水资源专业，2022 年博士毕业于河海大学水文学及水资源专业，毕业后进入中国南水北调集团中线有限公司总调度中心工作。

南水北调中线工程效益的全面发挥，离不开众多建设、管理、运行和维护工作者的艰苦奋斗。而在中线工程安全平稳通水的背后，是总调度中心决策、指挥、下发输水调度指令的日日夜夜的辛苦付出。在这里，吴淼从一位新人慢慢成长起来，在输水调度的岗位中寻找到实现人生价值的事业。

从新手慢慢成长

2022 年 10 月，吴淼从南京来到北京，入职中国南水北调集团中线有限公司总调度中心。彼时的她对南水北调中线工程和前期建设工作了解尚浅，而她读博期间的研究方向是河流生态流量管理，这与输水调度这一工作方向有不小的跨度。对于近乎完全陌生的专业领域和陌生的工作岗位，吴淼需要一点点锻炼自己的能力。

为了让新入职的员工尽快熟悉部门项目和业务，南水北调中线公司为新员工提供了导师制的培养模式。导师们既是新入职成员的直属领导,又是大家工作、科研、生活上的导师。因为导师们会对新人进行工作上的指导,入职后的吴淼便在导师的鼓励下勇敢试错,大胆在工作中实践自己的想法,并根据导师的意见和建议改进工作方式,扎实走好每一步。

"我的领导们都具有非常丰富的工作经验,不论是材料撰写还是工作计划安排,领导们总是非常耐心地指导我,使我不至于手忙脚乱。"

入职总调度中心以来,吴淼从事的主要是输水调度管理办法和相关规程的编制等工作。为了让初次接触新项目新工作的员工熟悉进而深刻理解工作内容,总调度中心的领导会经常性地组织大家学习以往的项目报告并安排研讨会,集中学习研究思路、解决的实际问题以及解决问题的方法等。

吴淼对这种项目报告形式的研讨会并不陌生,她在读研读博期间经常参加课题组的组会。"以前在学校里做科研,理论研究做得多,碰到问题和身边同学一起试错,一起解决。"工作以后,吴淼遇到了很多经验丰富的前辈同事,"我们部门的工作氛围特别好。"自工作以后,吴淼和同事们一起相互学习,部门领导也经常有新点子新方法来激励大家,自己碰到不懂的问题也能得到及时的解答。

"是前辈们做得太好,我现在是树下乘凉的那个。"谈及自己工作上的进步和成长,吴淼谦虚地说。吴淼记得,有段时间自己在看冰期输水的相关项目报告。对于冰期输水,吴淼在校期间并未接触过,为了打破知识的壁垒,吴淼听取同事的建议,将往年的相关项目报告找出来学习,积极向前辈请教、与同事讨论。"虽然距离专业精通还有相当的距离,但通过这种学习方法,我至少看到与冰期相关的资料时不再会一脸蒙了。"

"现在更多的是顺着前辈们的脚步走下去。"但无论是师门课题组,还是工作后的部门团队,都给吴淼一种大家庭的感觉。"我很感恩并享受这种氛围。"

"这里有我寻找的意义"

作为一个民生性的行业,水利行业的业内人员往往都抱着"功成不必在我,功成必定有我"的信念。从事南水北调中线输水调度的工作同样给吴淼带来了极大的精神满足感。"正所谓干一行爱一行,我现在很享受这份工作。"她说。

吴淼入职南水北调中线总调控中心后,主要参与中线工程全线输水调度相关工作。目前她任职于调度管理处,主要从事输水调度管理办法和相关规程的编制。同时针对输水调度中的技术难点,进行一些深入的研究性工作。

中线工程的输水调度工作主要是总调度中心下发指令,远程操纵全线几百个闸门进行高度配合,完成输水调度任务,这需要总调度大厅的值班人员每天针对全线的水情和工况进行统筹研判和决策。而这部分工作需要非常深厚的工作经验,入职尚未一年的吴淼正处于由浅至深的学习阶段。

"与在校学习不一样,工作中有些问题没有教材可以供我们参考,但工作中的我们学习可能会更有目的性,可以进行以问题为导向的学习。"正式入职后,吴淼改变自己的学习习惯,由面到点,针对当前工作需要的知识类型去精准搜集相关资料。由于吴淼在校期间从事水文模型与生态流量的相关研究,而输水调度会涉及一些水力学、水动力学方面的基础知识,两者之间的学科跨度不小,这让吴淼觉得自己掌握的知识还远远不够。"有种学得越多懂得越少的感觉。"

吴淼参与的研究性工作主要是针对输水调度策略的综合评估。在研究过程中,她严格遵循"发现问题－寻找方法－解决问题"的研究思路,坚持以工作中的实际问题为导向,科学构建输水调度综合评价指标体系、对输水调度策略进行综合评估。因为工作时间不长,吴淼接触的研究性工作的方向又与读博期间的方向有较大出入,她"觉得自己目前更多的是处于一个学习的阶段,不论是日常事务性的工作,还是专业业务性的工作或者是研究性的工作,处理起来都还没有达到一个理想的状态。"

中线工程总调度大厅经常会有外单位的人员来调研参观,吴淼经常听领导向参观人员讲述南水北调中线工程和总调度中心的概况。每每听到领导讲述中线工程的效益,比如受益人口高达8500万人之多,北京市城区日供水75%左右和天津市城市日供水95%左右均来自中线工程,对沿线50多条河流生态补水等,尤其是了解到通水后的3000多天里,中线工程一直保持安全平稳运行时,吴淼就会觉得自己的工作非常有意义。

"中线工程通过加高丹江口水库大坝,使得丹江口水库渠首与北京的高程差达到将近100米,实现全线供水靠水的重力自流。中线工程的水质都在地表二类水以上,部分断面达到地表一类水标准,优良的水质也深受沿线居民的喜爱。而穿黄工程更是我国首例用盾构方式穿越黄河的工程,开创了中国水利工程水底隧洞长距离软土施工新纪录。"现在的吴淼对中线工程的修建过程、工程效益一清二楚,在深刻理解的基础上,也更加深刻地感受到这项工程的伟大。

吴淼的师弟师妹中也有在北京工作的,当他们知道自己的师姐在南水北调中线工程工作之后,有时还会半开玩笑地对吴淼说:"每次喝水都会想着这水是师姐辛辛苦苦调来的,得节约着点。"

十年河海求学,一生耕耘水利

本科就读于河海机电工程学院工业设计专业的吴淼,在大四那年选择考研到水文学及水资源专业。

谈及这一选择,吴淼说:"应该是觉得自己学得还不够吧。"科研不易,但吴淼很庆幸遇到石朋教授和张行南教授两位良师。跨专业考研成功后,吴淼需要学习大量的水文学及水资源专业的基础知识,她的硕士研究生导师石朋老师经常拿着模型教程一点一点指导她。"我当时写的第一篇小论文发给石老师以后,返回来的文章满篇都是修改的红色笔迹。"

硕士毕业后吴淼来到张行南老师的门下攻读博士。"印象中张老师一直乐呵呵的,对待学生从来都是温和有耐心。读博期间,我遇到自己解决不了的问题,张老师都会一直鼓励我,并且陪我一起解决问题。"博士期间,张行南老师也经常带领着研究团队去三峡大坝、长江委水文局实地调研,去了解现代水文预报的流程。得益于老师们治学严谨的态度和要求,以及课题组良好的学习氛围,吴淼在河海的求学生活过得充实快乐,这份快乐源自她自己乐观的心态,也源自导师和同学们的帮助。

博士毕业求职的时候,通过跟已经就业的师兄师姐求取经验并结合自身实际情况,吴淼发现相对于理论研究的工作,自己更喜欢实践类的工作,最终便选

择了南水北调中线工程有限公司。谈及未来的职业规划,吴淼觉得现在的自己欠缺的知识还很多,往后的很长一段时间自己都要"补补功课"。

在河海的十载求学路,吴淼收获良多,也有遗憾。"我的本科、硕士、博士毕业典礼都没来得及参加。希望学弟学妹们珍惜在校时光,不要给自己留下遗憾,脚踏实地。"

(作　者:汪　超)

绘制清晰蓝图，寻求最优答解
——记水利水电工程专业 2012 届本科生校友狄文龙

个人简介

狄文龙，男，1988年生，中共党员，工程师，本硕就读于河海大学水利水电工程学院，毕业后便一直从事水利水电工程相关工作。2014年7月至2021年8月，就职于中国葛洲坝集团国际工程有限公司。2021年8月至今，就职于中国南水北调集团东线有限公司（以下简称东线公司）。

顶层设计，将复杂方程式化简

南水北调工程是构建我国"四横三纵、南北调配、东西互济"水资源配置总体格局的重大战略性工程。2021年5月14日，习近平总书记在推进南水北调后续工程高质量发展座谈会上指出：南水北调工程事关战略全局、事关长远发展、事关人民福祉；要审时度势、科学布局，准确把握东线、中线、西线三条线路的各自特点，加强顶层设计，优化战略安排，统筹指导和推进后续工程建设。推动南水北调后续工程高质量发展的序幕就此拉开，而这对前期工作提出了更高的要求。狄文龙作为东线公司计划合同部的工作人员，做好南水北调东线后续工程前期工作，是他一直不断追求的目标。

"如果将南水北调工程比作一道极为复杂的方程组，那么我认为前期工作就是一个多变量求最优解的过程。"南水北调工程作为一个极其复杂的系统工程，涉及长江、淮河、黄河和海河四大流域，在工程建设过程中，水量、水质、水价、水文、水资源、水调配、水环保、水生态、水文化等诸多问题都是不可忽略的因素。如果南水北调是一组没有唯一解的方程组，那前期工作便是方程的化简过程，不断梳理个中关系、化繁为简、假设条件，目的便是在有限的时间里求解出南水北调工程任务、规模、布局等未知数的最优解。

为求解出符合"确有需要、生态安全、可以持续"这一重大水利工程论证原则的最优解，按时保质保量推进《南水北调工程总体规划》修编、专题研究和后续工程规划设计等前期工作，狄文龙所在的东线公司团队以高度的政治责任感和历史使命感，以稳扎稳打的态度，完成一项又一项工作任务。"南水北调工程的实施绝非一人之功、一时之力，需要每一个参与者都日拱一卒、久久为功，才能推进这项利民工程圆满落地。"狄文龙说。

和项目设计施工等工作不同，前期工作虽然不需要大量技术、工程上的具体实操，但也绝非纸上谈兵，它面临非常严峻的考验，总结起来，这项工作就是"急难硬重"。一是任务来得"急"，随着前期工作展开，各个边界条件被逐一确定，前期工作也会相应作出重大调整，部分重要新增任务要求短时间之内完成。二是完成"难"度大，项目批复和开工前，项目法人应依法依规办理各项前置要件，因部分要件存在前后逻辑关系，又有办结时间限制，故需要大量协调相关部门单位。三是涉及投资"硬"，南水北调工程投资数额巨大，一直受到全社会的重点关注，后续工程的水价和投融资机制也直接影响着前期工作的开展。四是责任"重"如山，水是生存之本、文明之源，而南水北调工程事关战略全局、事关长远发展、事关人民福祉，因此前期工作牵一发而动全身，工作人员责任重大。

当被问及前期工作"方程式不断化简并求出最优解"的方法，狄文龙认为前期工作是项目全生命周期中的"第一粒扣子"，如何扣好"第一粒扣子"将直接影响项目后期的建设运营，这就需要前期工作人员有"穿针引线"的耐心和定力。要以初心使命为针，引领前期工作方向。南水北调工程，从提出设想，到规划设计，再到决策实施，充分体现了以人民利益为根本出发点，这就是前期工作的初心，唯有守住初心，不忘使命，才能在前期工作中不迷失方向。要以专题研究为引，夯实前期工作基础。南水北调是复杂专业的系统工程，要针对项目特点，细致调研、充分论证、深入研究，把问题暴露在决策之前，不留遗憾。要以统筹合作为线，化解前期工作矛盾。南水北调前期工作涉及不同方面的诉求、多个部门参与、众多领域融合，矛盾在所难免，只有充分沟通、统筹协调、精诚合作，才能将矛盾逐个化解。要以精细化管理为筋，提高前期工作效率。前期工作"急难硬重"，需要精细化、敏捷化管理，分层级协调各有关单位，工作流程责任到人，信息及时更新共享，不断提高工作效率。最后要以法规制度为尺，确保前期工作合规。前期工作人员要像珍惜生命一样，严守依法合规底线，坚持独立、客观、公正的原则，始终将法规制度当作戒尺，不留私心，践行共产党员"功成不必在我，功成必定有我"的责任与担当。这是狄文龙对自己的要求，也是南水北调工程中每个水利人的责任。

不变的水利赤子心

大学期间就读水利水电工程专业让狄文龙对水利行业产生割舍不下的感情。硕士研究生毕业后，他曾远赴尼日利亚、卡塔尔、巴基斯坦、孟加拉国、尼泊尔等国家从事水利水电工程等基础设施的建设管理和市场开发工作。过了而立之年，狄文龙顺应新发展格局下国内水利事业的发展趋势，对原来的职业规划作了些调整，决定转回国内从事水利相关工作，机缘巧合下，他赶上南水北调后续工程高质量发展的重大机遇，最终结缘东线公司。

在正式入职之前，狄文龙对南水北调这项工程的了解也仅限于资料和大学期间的实践活动，未曾全面系统地观察研究过构成这项工程的泵站、水闸、隧洞和堤渠等。而在入职东线公司近两年的时间里，随着对南水北调东线工程的了解越来越深，与之的联系也愈加紧密。"当你亲自感受过它，你会发自内心地为这项事业自豪，为东线人自豪。"他感慨地说。

2022年的6月，为了做好南水北调东线后续工程的前期工作，狄文龙跟随调研组从东线一期穿黄工程一路向北，第一次现场查看了位山穿黄隧洞出口段、东线二期比选线路、邱屯枢纽、北延应急工程、大屯水库、潘庄倒虹吸和四女寺枢纽等关键节点工程和沿线渠系工程，这次的调研之旅让他感受到了东线工程将长江水、淮河水、黄河水和海河水汇于华北平原这一"四水"交汇的壮美。纵横交错的水网于广袤无垠的大地上汇集，这是一幅何等壮观的景象！除了视觉上带来的震撼，狄文龙还无比感叹于东线枢纽工程在设计上的巧夺天工。东线枢纽工程有许多不同水流立交或平交的设计，穿黄工程的出口段恰是东线工程全线的制高点，邱屯枢纽见证着南水和黄河水的第一次相遇，四女寺枢纽更是被称为北方"都江堰",南水北调东线工程为华北平原生态环境保护和大运河文化传承立下不可磨灭的功勋。

在与沿线工作人员座谈交流过程中,狄文龙被东线水利人的朴素情怀深深震撼并感染。他说,从东线人身上可以看到,他们始终将"南水北调、利国利民"放在心里,并将工程安全、防洪排涝、水质保障等重大事务付诸行动,在沿线工程各个岗位上默默付出,无怨无悔。"作为东线人和一名在水利事业上耕耘多年的水利人,这样的精神是我时刻需要传承、秉持的。"狄文龙始终保持着一颗对水利事业的赤子之心。

饮水思源,情系河海

当谈起与母校河海相关的记忆,狄文龙的声音里带着深深的怀念之情。"在河海读书的那段日子,永远是我心中极为美好的回忆之一。"本硕六年,从江宁到西康路,河海的一砖一瓦、一草一木,他都觉得无比亲切。一座难求的图书馆、夕阳下的教学楼、可以尽情挥洒汗水的篮球场和足球场……回忆起在河海的学生时代,许多事情或许都因为时间的推移而渐渐模糊,但那份专属于青春的感受永远保存在狄文龙的心里。

他至今仍清晰记着本科参加数学建模大赛的经历。准备数学建模比赛的那个暑假,狄文龙和其他参赛同学一起,一直待在学校进行培训。"那段时光是忙碌且充实的,大家都有一个共同的目标,一起为这个目标不懈努力,现在回想起来仍然觉得很美好。"狄文龙回忆道。正式比赛时,"我们队三个人各司其职,我负责编程,将数据进行分析后形成结果,另外两个队友分别负责算法推演和报告编写工作,那三天一门心思扎进去,几乎没怎么睡觉,虽然辛苦,但收获很多"。功夫也终不负有心人,狄文龙和队友获得了国家二等奖的好成绩,为自己在河海的学习生涯添上了精彩的一笔。

"如今我所具备的水利专业能力与专业素养都是在河海时打下的基础,没有河海的培养,就没有现在的我。"狄文龙对河海怀着无比深厚的感情,再回望在河海的读书生涯,那些老师们传授的知识,已经从书本里刻板的文字变成专业的技能,成为让他行稳致远的铺路石。

(作　者:陈思吉)

檀郎谢女，山高水长
——记产业经济学专业 2009 届硕士生校友沈仲铭

―――――― 个人简介 ――――――

沈仲铭，1983 年生，江苏常州人，中共党员，硕士研究生，高级经济师，二级建造师，招标师。2009 年从河海大学商学院产业经济学专业毕业后到南水北调东线江苏水源有限责任公司下属全资公司江苏东源投资有限公司工作，2013 年 11 月任江苏东源投资有限公司投资管理部副经理，2016 年 5 月任江苏东源投资有限公司总经理助理，2019 年 12 月任江苏东源投资有限公司副总经理，兼任江苏华达环境工程有限公司副董事长、江苏鸿基水源科技股份有限公司董事、宿迁东源投资开发有限公司董事。

南水北调东线江苏水源有限责任公司于 2005 年 3 月经省政府批准成立，是国家和江苏省政府共同设立的国有独资企业，注册资本 20 亿元。公司荣获"全国文明单位""全国五一劳动奖状""全国工人先锋号""江苏省五一劳动奖状"等殊荣，正转型发展为集投资、水务、环保生态修复、资源开发、项目管理于一体的科技创新型现代企业。

企业不仅仅需要科研、技术人员，也需要管理、决策人员。沈仲铭不同于其他"前线员工"，她不是画工图、搞建设，而是在幕后运筹帷幄、推动公司发展。十几年来，她日复一日地勤恳工作，确保每一次决策都能使公司利益最大化，保证高效负责地完成每一项工作，她就像无形的手，为公司创造了巨大的价值。

初出茅庐:螺丝钉精神、三个半小时

2009年从河海大学研究生毕业后,沈仲铭进入江苏东源投资有限公司工作。初到时,公司还处在筹建阶段,白手起家面临重重挑战,不仅是未知的前途,还有无数琐碎而繁杂的工作。初出茅庐的沈仲铭还未曾经历过职场的大风大浪,来到公司便面临着前所未有的奔波忙碌。除了书文、会务、行政等常规工作,她还要负责重点项目的推进。据她回忆:"当时公司就四个办公室,除了财务由上级代管,其他工作的具体执行者都是我。我就是颗螺丝钉,哪有需要往哪拧。"这样的螺丝钉精神一直伴随她从初入职场到如今独当一面,正是脚踏实地的工作作风,成就了她优秀的工作业绩。

伴随着公司进入运营正轨,她逐步开始接手投资工作。2010年,沈仲铭参与了第一个地产开发项目,筹建宿迁水务接待中心。公司和家都在南京,而项目在宿迁,因此,她经常两地来回奔波。到宿迁的车程是三个半小时,两年的建设期,她度过无数个"三个半小时"车程,甚至在孕期,她也常常出现在工地现场。

项目规划通过后,首先要做的就是和政府及各种机构打交道,办领相关证件执照。这份工作需要格外的细致认真,任何细微的差错都会带来后续处理的麻烦,可等到证件终于办齐了,问题才刚刚开始。酒店是由烂尾楼改造的,如何化腐朽为神奇需要一张完美的设计稿,但面对烂尾楼的各种缺陷,绘制好满意的设计稿让所有人焦头烂额。历经了前前后后十几稿,令人满意的方案终于出炉。但项目问题接踵而来,更棘手的是招标采购,由于项目建设的主要材料全都要公开选购,项目主体建设完毕后,室内装修要参与选购的项目就更多了。而这每一项细小琐碎的工作,沈仲铭都要亲力亲为,整个工程下来,大大小小签了五六十个合同。可回忆起项目的艰苦过程,沈仲铭却说:"我们团队气氛特别好,我们白天干活,晚上开会,大家通力合作,工作非常顺利。"正是她细致入微的谨慎,像万金油一样调节所有问题,才啃下了这根硬骨头。

稳扎稳打:迎难不退缩,疾风知劲草

江苏东源投资有限公司是南水北调东线江苏水源有限责任公司的全资子公司及对外的投资平台,主要负责利用南水北调东线沿线的从事涉水领域的股权投资、项目投资以及投资咨询。作为水利行业的国有投资企业,与其他领域的投资机构相比,公司投资领域较为狭窄,挖掘盈利性较高的项目难度较大。"我们利用国有资本投资,重点是稳健。"从初入公司至今,沈仲铭度过了自己的十几年青春,再回首,她坦言,这一路充满艰辛。由于江苏在水利行业投资领域仍处在一个探索阶段,而且水利资源投资与其他行业不同,身边熟悉投资的朋友也无法给出较好的建议,沈仲铭倍感孤立无援,只能选择迎难而上,摸着石头过河。

　　在投资工作初期,公司充分利用南水北调沿线水土、水能、水运等方面的资源,通过在调水工程与高速公路的交汇处设立广告牌、出租码头、利用余水发电等增加经济效益,巩固公司的基础运营。资金充裕后,公司逐步拓宽投资途径,涉猎金融投资,近些年金融投资获得业内较高的水平。在股权投资方面,公司也取得了傲人的成绩:投资控股的宿迁东源投资开发公司,一期宿迁"东源湖滨酒店"已建成运营,二期"南水北调宿迁管理设施"也启用办公;控股江苏鸿基水源科技股份有限公司完成"新三板"挂牌,获得水利水电二级总承包资质,其"疏浚泥堆场快速泥水分离技术研究"荣获淮委科学技术一等奖;投资控股的南水北调咨询公司成功转型,打造成南水北调特色咨询平台;投资参股的河海大学设计院收入已破亿元,利润超千万。投资公司当前还参与投资江苏恚泉现代农业发展产业投资基金、江苏设备成套Pre-IPO等项目。

　　"每个阶段都很艰难,但坚持努力可以战胜一切。"伴随着公司的逐渐壮大,

沈仲铭的职级也得到晋升,但这也给她带来巨大压力。"时刻保持危机感,职务越高,要求越高,就越要认真负责。"她不断提升自己的工作能力,提高自身工作质效,不愧对自己这份职责。

厚积薄发:细致玲珑心、从容步青云

从小小的"打杂工"做到如今成为队伍的领头人,与人们印象中的职场女强人不同,沈仲铭从容优雅、温和亲切,处理业务细致入微,与人交谈和善贴心。正是她和团队成员打成一片,与下属朋友般相处,公司上下更加同心聚力,团结奋进。公司新员工入职,她都会带领新员工了解公司、熟悉业务,与这样的领导共事、接触,很多员工都觉得如沐春风。

除了投资公司的副总经理这一身份,她还是公司的纪检委员和工会主席,是公司派出的董事及股东代表,尽管身兼数职,任务繁重,沈仲铭依然能游刃有余地高效率地完成不同职位的工作。每天早上她都会提前到达公司,规划当天要处理的工作事项,包括提前确认当天的工作任务,确认哪些项目需要向上对接,哪些工作需要向下沟通。"提前想好这些,等他们一上班就可以开始工作了,节省了很多时间。"上班早到已经成为她的习惯,负责是她工作以来一直坚守的态度。

未来,沈仲铭对于南水北调工程东线的投资工作充满期待。她希望可以和更多优质的涉水企业合作,通过寻找战略合作伙伴共同组建基金管理公司,与战略合作伙伴共同推进基金的融资、设立和投后管理,通过基金的设立撬动更多社会资本的投入,从而提升资本运作的效率、投资规模和投资效益,并尝试打造一个水利行业的"生态圈""产业链"。

当然,除了自己带领团队把负责的投资板块做好,沈仲铭也希望未来可以有更多优秀的河海学子加入他们的团队,一起为国家水利建设事业贡献自己的一份力量。

青春记忆：河海凭借力、旧事故人心

沈仲铭是第一批在河海大学江宁校区就读的本科生，她笑称自己是"拓荒者"。那时候的江宁校区只有四栋宿舍楼、两栋教学楼，其余地方是一片荒芜。老师每天一大早坐校车来，上完课赶校车回去，陪伴他们的只有几个辅导员。即便如此，同学们一起抱团取暖，苦中作乐的大学生活也别有一番滋味。那时候的娱乐活动并不多，她经常和同学参加各种社团活动。"骏园的生活设施在现在看来虽然很简陋，但在我们当时已经算相当高级了。对比本部的宿舍好多了。"后来到本部后，本部老宿舍没有衣柜，她们就拿行李箱当柜子用。南京的冬天又湿又冷，宿舍没有空调，她们就用杯子装上热水抱着取暖，接一大桶热水在洗漱间洗澡。现在回想起来，觉得那时虽然艰苦，但都是美好的青春回忆。

在校期间，沈仲铭经历了 2003 年"非典"，在那个特殊时期，学校封校了，虽然内心有些恐慌，但同学们依旧刻苦认真地学习，按部就班地生活。

在沈仲铭的印象中，大学时期的班主任童纪新友善亲切，是当时公认的时尚"男神"。童老师上课风趣幽默，一有机会就会带同学实践学习，所以她这一届学生早早就有机会接触和未来工作相关的内容。大二那年，老师带着学院同学到南通中洋集团实习，那是她第一次实实在在地了解一家企业运作的真实模样。大四那年，老师又带学院同学到黄河小浪底枢纽工程参观，第一次直面浩大的枢纽工程，也为她参加工作提供了宝贵的经验财富。

考研的那段时光令沈仲铭终生难忘。早上 6 点起床，晚上 12 点睡觉，每天都是图书馆和寝室，两点一线。虽然辛苦，但她在考研的路上也遇到许多志同道合的小伙伴，她们一起奋斗，相互鼓励，后来成了好朋友。

一晃毕业已过去了十几年时间，但岁月仿佛并没有在沈仲铭的脸上留下痕迹，乐观的处事心态，平和的人生态度，对新事物的期待，这些都是她保持积极、充满活力的秘诀。作为校友，她对河海学子也充满了期待，希望水之子们将来都能找到自己热爱的事业，用自身实力为中国的水利建设添砖加瓦。

（作　者：乔婷婷　刘师彤）

以实际行动践行河海校训
——记水工结构工程专业 2014 届硕士生校友张卫东

个人简介

张卫东,男,1991年11月生,汉族,山东滕州人,中共党员,高级工程师,现任公司党委办公室副主管、团委副书记。2014年硕士毕业于河海大学环境学院,进入南水北调江苏水源公司,先后负责水文监测、运行管理、工程建设等工作。荣获2019年度中国南水北调优秀通讯员、2020年度省青年志愿服务事业贡献奖、2022年省属企业宣传思想工作先进个人、2022年省优秀共青团干部;公司2018年度、2019年度、2021年度先进个人,公司2019年度新闻宣传(意识形态)工作先进个人,公司2020年、2021年优秀党务工作者等多项荣誉。

2014年,刚刚踏入南水北调江苏水源公司的大门,看到映入眼帘的"负责、务实、求精、创新"这反映南水北调精神的八个大字时,张卫东就感觉似曾相识,因为这与河海大学的校训"艰苦朴素、实事求是、严格要求、勇于探索"不谋而合、相得益彰。从大禹治水到都江堰,从红旗渠到南水北调工程,无不体现了水利人的奉献精神、斗争精神、无畏精神,张卫东很荣幸能够从一座水利高等学府毕业后即加入一项世纪水利工程的建设中,来到这片奋斗者的舞台,开启自己的人生华章。在这之后的工作中,他始终以"艰苦朴素、实事求是、严格要求、勇于探索"的校训激励着自己前进。

艰苦朴素

学习永无止境。作为一名刚刚毕业的研究生，面对南水北调这一超级工程，张卫东觉得自己所掌握的知识仅仅是冰山一角，想要胜任工程运行及建设管理等工作，现有的知识储备远远不够。但是他知道，"世上无难事，只要肯登攀"，他抓住任何机会，补足工程知识及建设常识，开启了比学赶超之路。他从每一座泵站、每一条河流，到每一个报告、每一次运行，结合江苏省水系图、行政图，认真梳理南水北调江苏段知识，仔细翻阅历年工程资料，不断汲取知识，扩充自己的知识面。

工作"勤"字当头。进入公司的前6年，张卫东一直在调度运行管理部门，保障调水运行的安全稳定。面对人手不足、运行压力大、安全要求高的困难，加上工程运行管理方面的经验不足，张卫东非但没有退缩，反而义不容辞地加入调水运行工作。在参与调水运行的6个年度12个阶段里，部门最少时仅有2名同志轮流值班，可他们依旧完成了连续四五十天，甚至60余天的运行值班工作。值班期间，高质量完成了沿线14座泵站和404千米河道的调度运行、安全督察工作，完成包括运行泵站、开机台数、调水水量、累计水量等信息的运行报表的整理、报送、归档等工作，确保了历次调水安全有序无差错。

实事求是

南水北调的成败在于水质的优劣。因为水质数据的保密性，2014年至2020年的6个年度内，张卫东全程专职负责水质监测工作，包括方案编制、组织实施、数据审核及报送工作，确保了水质监测及时、数据成果准确，年均审核及报送水质监测数据约200份次。水质监测是一项复杂且要求很高的工作，调水前，需充分考虑我省实际，分析往年水质监测成果，区分站点的必要性，结合本阶段调水线路安排，制订水质监测方案；调水期间，收集来自监测单位的水质数据，按日期、参数和站点分类整理，分析水质结果，关注每日水质动态，发挥调水期间的水质预警作用；调水结束后，汇总所有水质监测数据，分析监测参数的总体变化趋势。其间，张卫东负责了一段时间的水质自动监测站、水环境监测中心等建设工作，全面负责从招标设计到项目实施的全过程管理。因为之前缺少建设管理经验，他本着实事求是的原则，经常积极向领导、专家请教工程建设流程,确保各个环节都能应对自如。由于对水质监测设备不熟悉,他多次咨询水文、环保等部门,调研设备基本情况,择优筛选仪器品牌,为完成招标工作提供了保障。工程建设期间,他紧抓招投标文件及合同要求,严格管控质量和安全,保证工程建设进度满足目标要求,为顺利完成项目验收创造有利条件。

严格要求

"纸上得来终觉浅,绝知此事要躬行。"走出校园,走进社会,张卫东越来越认识到更要严格要求自己,把学到的东西落实到行动上,做到知行合一、以知促行、以行求知。不管是做本职工作、领导交办的任务,还是与其他部门协同的工作时,他时刻保持谦虚、谨慎、低调、律己的工作态度,对待任何一项工作都做到不敷衍、不应付,不断追求工作的高标准、高质量,各项工作都得到领导和同事们的认可,他也因此于2017年加入党组织,成为一名共产党员。

"一花独放不是春,万紫千红春满园。"在工作中张卫东始终秉承"一盘棋"思想,坚持勤恳高效的工作作风,坚持对组织负责、对本职工作负责,时刻做到顾全大局。工作前几年,公司在搞大型活动时需要抽调人手,他会充分利用业余时间,积极参与公司大型活动的策划、组织工作。他认为,只有认真对待每一件小事,才能成为做成大事的人。不管工作大小,他都会高度负责、认真准备,努力做好、做精、做实。从开始仅仅配合购买公司联欢会的奖品,到牵头举办公司首届"水源红"杯趣味运动会,通过详细制订工作方案、多次组织会议商定运动会具体事项、联合合作单位成立24人工作团队、组织公司11支队伍220余人参加,圆满地完成了赛事活动,这次活动在公司范围反响热烈。张卫东认为,每次参与成功举办活动,领导的认可和同事的笑脸,就是对自己最大的褒奖。

勇于探索

年轻,就要勇于接受挑战。2020年10月,张卫东离开工作了6年多的调度运行管理部门,调入公司党委组织部工作,兼任公司团委副书记,开启了工作上的新探索、新挑战、新篇章。2021年8月,他又调任党委办公室工作。习近平总书记曾勉励青年,要"努力成为可堪大用、能担重任的栋梁之材"。张卫东知道,调入新的岗位,是组织对他的信任,也是组织对他的期望。他谨记总书记的嘱托,努力提高习近平总书记要求年轻干部具备的七种能力,切实做到"想干事、能干事、干成事",在新岗位上再次绽放青春色彩。

高度负责,全力担当作为。近三年,张卫东负责过公司"三重一大"、材料起草、党委文书、会议管理、信息简报、党的建设、组织机构、干部管理、共青团等相关工作。对他来说,这或许是一个崭新的领域,但是,恰恰可以激发他"勇于探索"的斗志,不断地突破自我、挑战自我。工作时间虽短,但他已快速适应了新的工作,取得了令领导和同事一致认可的成绩:做好党委会议闭环管理及规范化建设工作,促进公司各层级"三重一大"决策更加规范、严谨、有序;保障公司重要会议组织并做好相关文稿起草工作,确保会议高效有序;高质量撰写并报送信息简报,助推公司影响力不断提升;推动公司综合管理信息化,建成公司综合内控管理系统和国资监管系统;贯彻国有企业党的建设新要求,全面做好公司党建管理、党史学习教育、庆祝建党100周年活动等工作;组织开展共青团各项活动,公司团委先后(组织)获得全国节水优秀活动奖、省"五四"红旗团委、全省共青团先进单位、省十佳优秀青年志愿服务项目等荣誉称号。

2020年11月13日,习近平总书记考察南水北调东线源头工程;2021年5月14日,习近平总书记主持召开推进南水北调后续工程高质量发展座谈会并发表重要讲话。习近平总书记的重要讲话精神,为开展好南水北调工作注入了强大动力、提供了根本遵循。作为南水北调江苏水源公司的一员,张卫东说:"不管我在哪个岗位,我将始终牢记习近平总书记关于南水北调工程'三个事关''三个安全''四条生命线'的重要指示精神,以饱满的热情、昂扬的状态,持续以'艰苦朴素、实事求是、严格要求、勇于探索'的河海校训指导工作实践,把成就个人梦想与实现'中国梦'紧密相连、与实现公司质量发展紧密相连,为推动南水北调事业和公司高质量发展贡献青春力量。"

(作　者:王炳铿)

坚守水利初心，遇见无限可能
——记农业水利工程专业 2006 届本科生校友张娜

·········· **个人简介** ··········

张娜，1983 年生于内蒙古鄂尔多斯，2006 年本科毕业于河海大学农业水利工程专业。现为长江设计集团有限公司（以下简称长江设计集团）水利规划院研究院综合部副主任。长期从事南水北调等引调水工程规划设计、水安全保障规划技术咨询以及综合管理等工作，承担了南水北调中线工程、引江补汉、滇中引水、引嘉入汉、引汉济渭、渝西水资源配置等 20 余项大型项目规划论证或专题研究工作。参与《中国南水北调工程》等 3 部专著编写，公开发表论文 7 篇，2 项成果荣获长江设计集团 2021 年度科技进步奖二等奖。曾多次获得公司先进工作者、长江设计集团青年岗位能手等荣誉。

做一颗坚韧的螺丝钉

2008 年的那个夏天，张娜入职长江设计集团水利规划研究院。尽管在校时成绩优秀，但正式接触工作时她才发现，过往已经归零，大部分的知识都要从零开始学习。

"南水北调是个复杂系统，尤其体现在它的水资源配置和水量关系上，同时它涉及的范围非常大，既有河南、河北、北京、天津四个受水省市，又牵涉到汉江中下游的湖北省内各类用水和汉江上游的引汉济渭工程。理清这些关系需要花很多时间，我们做南水北调工程需要依靠长时间的学习和积累，才能渐渐地真正了解它。"从一个一无所知的新人开始，一点一滴学习前辈们积累下来的知识财富，以此为基础不断去请教专家和设计团队的资深工作人员，张娜才"啃"下自己的工作。

"我们所有人都是一颗螺丝钉。"作为一名水利规划设计人员，张娜和她的战友们常常以一种团队作战的方式去开展每天的工作，进行水资源配置和水量设计等，不遗余力发挥自己的力量。水利设计规划的前期需要设计者针对不同的方案进行反复论证，这也就意味着张娜每天的工作都会不断地出现新难题，有时候是边界条件不对，又或者是模型本身不适用，张娜经常会碰到自己计算的结果没有得到专家们认可的情况。每每如此，她都会反思，向专家们请教考虑不周全的地方，然后一点点解决。"我们跨流域水资源配置的模型经常会遇到程序错误，有的时候怎么调参都行不通。"而碰到诸如此类的问题，当天无法解决时，张娜就会先停下手头的工作，审视一遍设计流程，次日重新再来。

"工作给我带来的最大改变是让我拥有了一个坚韧的性格。"在水利规划院的工作是繁重的，平衡好工作带来的压力，是张娜人生的必修课。"我最大的榜样是郑守仁院士。"张娜清楚地记得郑院士的一句话：工作就是爱好。初入职的张娜并不能体会这句话背后的辛勤付出和内心坚守，但如今的她已然将工作融入了自己的生活。"工作带来的成就感是令人难以割舍的。"她说。

不断遇见自己的可能性

或许是命中注定，从内蒙古鄂尔多斯到江苏南京，从河海大学到长江水利规划院，张娜每一次重要的人生节点，都与水利有不解的缘分。

"上大学的时候我对专业认识并不清晰，也不知道将来会从事什么样的工作。"这种懵懵懂懂的状态直到大四，张娜参加学院组织的专业实习刚结束，在江都水利枢纽和浙江余姚等地的一些水利工程实地，张娜在带队老师和单位前辈们的带领下深入了解了水利工程规划建设的每一步，得益于实习时的所见所闻所学，张娜给未来自己的前进道路定了方向。

引江补汉工程是从长江引水至汉江的大型输水工程，是推进南水北调后续工程首个拟开工项目。作为南水北调中线工程的后续工程，引江补汉工程对充分发挥中线工程输水潜力、增强汉江流域水资源调配能力、进一步提高北方受水区的供水稳定性有着重要作用，是"十四五"期间构建国家水网的重要一步。

2012年张娜参与引江补汉的设计规划工作，和设计团队的同事们一起结合外业工作，对工程不断塑形。在反复论证无数个方案后，设计团队提交的项目规划终于成功批复，南水北调中线引江补汉工程在2022年7月7日于十堰丹江口市正式开工建设。

"最初我们整个团队都在为这项工作出力，规划各种可能性，很期待多年后引江补汉工程成为一个实体。"回忆当初论证引江补汉规模，自己计算出的水量分配方案出现不适用的情况，尽管很受挫但依然坚持着解决的那段日子，张娜很感谢不言弃的自己。

而今，张娜已经担任水利规划院研究院综合部副主任，谈到未来，她说："未来谁又知道，每天都有新的可能性，我将会继续学习，精进自己。"

从河海出发，寻找意义的存在

张娜在2002年考入河海大学农业水利工程专业，2006年以专业第二名的成绩被保送至武汉大学水利水电学院水文学及水资源专业攻读硕士研究生，2008年硕士毕业后入职长江设计集团水利规划研究院。回忆在河海的四年，张娜难忘很多良师益友，她总结道："河海人身上有一种朴实的、内敛的优秀。"本科四年的培养为张娜大格局、大视野的观念打下了良好基础，也为她今后在工作中艰苦朴素、勇往直前提供了力量源泉。

作为工程建设参与者，张娜心中的南水北调工程是国家黄淮海流域战略发展的支撑，能有效应对我国水资源配置北缺南丰、冬枯夏汛的现状。而看着受水区的老百姓们能喝上南水北调中线优质的水源，"有河皆污、有河皆干"的现象得以改善解决，张娜心中亦是澎湃不已，"能参与这项工程建设的一部分是我的荣幸"。

工作多年，张娜经历过坎坷挫败，也辛酸崩溃过，可正如梅花历经苦寒，终得扑鼻芳香，已然成长起来的张娜寻找到了人生意义所在。

在张娜看来，真正的实践和锻炼是从毕业开始的。她曾代表公司回河海进行招聘，看着那些对未来充满憧憬的青春面孔，张娜对学弟学妹们提出了殷切期望:"我希望学校的学弟学妹们能够尽自己所能去学习更多的专业知识,多接触大的平台,拓宽自己的视野,更要有做出一番大作为的志向。"

"问渠那得清如许,为有源头活水来。"正是有着无数个"张娜"们,在南水北调工程中默默无闻地做着一颗颗螺丝钉,才有源源不断、清澈安全的水资源一路北上。在水利规划院工作的十四年里,张娜勤奋好学、爱岗敬业,敢于担当、甘于奉献。在未来工作中,她将继续用行动践行河海大学校训,传承水之子的使命和责任。

(作　者:汪　超)

守护"生命线" 担当调水人
——记机械工程专业 2014 届硕士生校友张浩

---- 个人简介 ----

张浩，1989 年生于江苏宿迁，2014 年硕士毕业于河海大学机械工程专业。现任南水北调江苏水源有限责任公司宿迁分公司工管部副经理，主要从事南水北调工程调度、运行管理、标准化创建等工作。作为南水北调工程管理人员，张浩一直扎根工程管理一线，展现了坚韧不拔、持之以恒的意志品质，更凸显了一种责任的担当。参与编写南水北调东线江苏水源公司企业标准《大型泵站标准化管理系列丛书 运行巡视作业指导书》。被评为宿迁公司优秀员工 1 次，获得"优秀共产党员"称号 1 次。

千里江水北上 调度全天待命

自 2013 年南水北调东线一期工程全面通水以来，以扬州江都为起点，利用京杭大运河及运西线河道输水，以洪泽湖、骆马湖、南四湖、东平湖为调蓄水库，经由 13 个梯级的泵站，167 亿方滔滔江水接力北上，解决了苏北、鲁北、胶东地区的用水之急。如今是调水的第 10 个年头，千里调水背后的故事，却鲜有人知。在南水北调江苏水源公司宿迁分公司的工程调度运行中心，全天都有技术人员 24 小时不间断值守，以保障工程的安全运行。作为调度值班员的张浩，这已经是他值班的第6个年头。

"调水期间,全天都要在调度室严密监控辖管工程水情数据,每天及时报送水情表、工情表、能源单耗表,时刻待命,接收上级的调度指令。"他说。

之所以要有人实时监控各项数据,是因为各辖管工程的上下游水位、机组的运行状况直接关系到整条调水"生命线"是否能安全平稳运行,一环出差错,全线受影响。

"这就需要调度人员及时监控并实时调度,上传下达,坚决执行调度指令,以减少各种不利因素带来的影响。"张浩解释说。

调水运行工作,看似简单,却不平凡,它日夜不停、晨昏不分。机组工况、河道水位、沿线堤防、船舶航运等,都需要全天候24小时的密切关注、及时调度、应急处置,如果说一天两天能做到,一个月两个月能坚持,但是成年累月、年复一年地始终坚守,那靠的就是坚韧不拔、持之以恒的意志品质。

除此之外,由于南水北调东线江苏段连接长江、洪泽湖、骆马湖、南四湖等河湖,周边地区夏季雨水丰沛,每年汛期到来时,作为负责调度的人员更要提高警惕,保持战备状态,时刻留意是否要紧急调度,进行上下游协调。

管好国家工程　献身不辱使命

"正是有了这样一批扎根在基层一线的南水北调人,不驰于空想、不骛于虚声,才能有一江清水缓缓北流,才能有如许清波滋润大地。"这是南水北调江苏水源公司一句耳熟能详的演讲词,也是南水北调工程管理者的写照。

作为第一批参与江苏境内工程管理的人,工程管理水平提升的要求时刻萦绕在脑海。工程管理的提升,从来都不是一蹴而就的,要想彻底解决长期积存的热点、难点问题,打造管理规范、标准统一、优美精致的工程,就要下定决心,开拓创新。

为了提高工程管理水平,江苏水源公司于2017年提出了工程管理"规范化、标准化、信息化、智能化"建设目标,作为宿迁分公司工管部负责技术管理的主办,张浩勇挑重担,积极参与"四化"建设,在完成调水运行和日常管理工作的同时,开动脑筋、克服困难,短短半年时间内,完成了组织、表单、标识、要求等标准化内容的建设,并在南水北调泗洪站试点,获得极大成功,实施标准化建设后的泗洪站,设备设施养护精心、工程形象精致、运行管理精细,在水利部领导检查调研时受到充分肯定,并在南水北调工程管理工作会议上被点名表扬。2018—2020年在总结试点经验的基础上,南水北调睢宁二站、皂河二站、刘老涧二站标准化建设相继开展,为保障建设质量、工程管理提档升级,张浩在工程现场进行办公,与现场运行人员一起仔细梳理软件资料,认真编写作业指导书,反复核对标牌内容,从一点一滴做起,从细节细微入手,精心做好工程管理标准化建设工作,力求做到精细、精致甚至极致,当好辖管工程的"大管家",为国家管理好、运行好南水北调工程,护一渠清水北上。

与水结缘　忆河海往事

"听老一辈人讲,我们家祖辈是生活在骆马湖里的浅滩上,当时的湖很浅,靠着打鱼为生。有一年湖里发大水,房屋都被冲没有了,就被迫搬上岸了。我名字中的'浩'就是带水的,这是为了让我记住我是从哪里来的。"一提到水,他的思绪立刻追忆到他的身世。张浩说:"也许是从生下来就和水结下了不解之缘,冥冥之中离不开水,我从小喜欢水,喜欢在河里游泳,喜欢钓鱼,再到报考河海大学,最后从事南水北调事业。"

"06级热动2班",这是一个张浩永远铭记的班级名称。回忆起当时的河海校园,作为当时班级里的体育委员,张浩说:"学校里的篮球场地有限,喜欢打篮球的同学又多,所以打篮球就必须提前去占场地,塑胶场地最好,其次是水泥场地,但有的时候连水泥场地都没有了,我们就死皮赖脸地蹭别人的场地……"

15年的光阴倏然而过,岁月如水滋润了青春。他为水利事业付出了辛勤的汗水,用行动践行了水利人的担当、展现了水利人的情怀。

南水北调工程中正是有张浩这样的河海人,"艰苦朴素、实事求是、严格要求、勇于探索"的河海精神才会一年又一年地传承,融入一江清水,永续北上。

(作　者:王炳铿)

水调歌头　饮水思源
——记热能与动力工程专业 2006 届本科生校友张鹏昌

·········· 个人简介 ··········

张鹏昌，1982 年生于河南濮阳，2006 年本科毕业于河海大学水利水电工程学院热能与动力工程专业。毕业后先后就职于江苏省江都水利工程管理处和南水北调东线江苏水源有限责任公司，主要从事水利工程电气试验和运行维护等工作。17 年时间里，张鹏昌在工作岗位上兢兢业业，历任专业技术员、技术负责人、项目经理、部门经理和专业子公司（南水北调江苏泵站技术有限公司）副总经理等职务，先后参与和负责大小项目数十个，从零起步创建泵站技术公司电力技术部并带领其发展成熟。

举世瞩目的南水北调工程是解决中国水资源分布北缺南丰问题的重大历史性战略工程，是功在当代、利在千秋的伟大工程。在南水北调东、中、西三条线中，东线工程江苏段是率先动工和成功试通水的工程段。自全线通水以来，南水北调东线江苏段已累计调水出省超 66 亿方，有力地缓解了北方地区人民生活和生产用水的紧迫状况。

南水北调工程效益的充分发挥，离不开众多建设、管理、运行和维护工作者的艰苦奋斗，这项工程凝聚着他们的心血汗水，见证着他们的无私奉献。在众多的工作者中，有这样一名河海校友的身影，他个子不高，但行动坚定；不善言谈，但很随和；踏实沉着，又细致入微。他就是张鹏昌。

少年辛苦终身事　莫向光阴惰寸功

"功名多向穷中立,祸患常从巧处生。"大学毕业刚入职的张鹏昌面对自己的第一份工作并不感觉得心应手。"我本科学的是热能与动力工程专业,工作后单位安排我从事电气试验工作,基本相当于转行了",他略显遗憾地说。电气试验是电气专业中一个专业面很小的工作项目,但是要求专业基础知识牢固、理论掌握深刻透彻。这对于电气专业知识不够扎实的他来说简直就是遇到了"下马威"。"见兔而顾犬,未为晚也;亡羊而补牢,未为迟也。"幸亏他有一个倔强不服输的品格和在大学里养成的刻苦认真的学习习惯,从入职那天起,他便下定决心要从头开始把电气基础和电气试验专业知识恶补上来。他跑遍了各大书店,广泛搜罗电气理论、电力系统、电气识图、继电保护、电气绝缘、电气试验等专业书籍,抱回来便一头扎进去如饥似渴地自学起来。"那段日子过得很平静,却是十分充实的,为我后来的工作打下了坚实的基础。人要耐得住寂寞,要在自己最匮乏的时候潜下心来积累点滴。不积跬步,无以至千里;不积小流,无以成江海。"回味那段日子,他深情感慨道。

相对于理论知识来说,在专业技能上他更是一个新手。电气试验是一项具有高度安全风险的工作,一次设备的额定工作电压一般在一万伏以上,而试验电压动辄数倍于额定电压,一旦稍有疏忽,轻则毁伤设备,造成重大损失;重则触及人身,性命不保。进行交流耐压试验时,高电压高频率的"嗞嗞"声如同随时可冲出笼子的猛兽发出的嘶吼,对人的心理震慑会让喧闹的人瞬间停止聒噪;而110千伏氧化锌避雷器直流高压试验产生的直流高压会让距离设备较远的操作人员的头发在电荷力作用下根根竖起。"这项工作业内是有电死人的历史案例的。"身边的老师傅郑重警示他。他倒吸一口凉气,心里直打退堂鼓,但他韧性极强,坚决不做逃兵。为了能尽快通过考核,获得上岗资格,只要一有项目,他就积极参与,从学习办理工作票、做安全技术措施等一些基础的安全准备工作学起,试验正式开始后,他就老老实实听从老师傅的安排,站在老师傅身后认真观摩,一旦工作间隙师傅们闲下来,他便抓住机会上设备不带电练习操作。"闻道有先后,术业有专攻",刚开始学习专业技术时他的疑问太多,一有机会他便虚心向老师傅们请教,有的问题老师傅也答不上来,于是大家一起讨论,再不行就求根溯源各自翻书,一时间整个团队在他的感染下学习氛围异常浓厚。

经过2年在多个项目上的摸爬滚打和坚持不懈地学习,他终于从一个新人晋级成为电气试验专业技术员。"只要严格遵守科学规律,善于运用理论武器,做到胆大心细,风险都是可以管控的,危险事物都是可以为人类所用的。"这是他总结出来的客观规律。

"当你从事一项工作的时候,一定要做些改进方面的贡献才更有意义。"张鹏昌是个不满足现状的人,一旦静下心来总琢磨着如何提升工作能力。在已经对电气试验工作游刃有余之后,他感觉到传统的试验报告编制效率太低,于是开始将心思放在提升试验报告编制效率上。他首先考虑的就是利用计算机语言编程实现对 Word 办公软件按照试验报告的编制要求自动进行数值计算、结果判断、表格操作和版面编辑,从而将人从大量不必要的重复性劳动中解放出来。经过仔细研究,他选定 VBA 语言作为编程语言。随后,他专门购买了 VBA 语言教材,利用一切可以利用的业余时间学习。别人觉得枯燥乏味的编程语言,他却学得兴致勃勃,每学习一种命令或语句,他就及时上机练习。无论是在办公室、吃饭后、出差路上,还是工地休息间隙,都能见到他捧着一本书着了魔似的看。经过2个月潜心学习,他已掌握了 VBA 语言的常用编程命令。他早已迫不及待,跃跃欲试,说干就干,废寝忘食地投入编程工作中,不出1个月就将全套程序完整编写出来,经过测试使用,完全实现了他原来设想的功能。从此,他编写的这套程序就正式投入日常试验报告编写中,编写工作变得简便、迅速、准确,得到了领导和同事们的交口称赞。

若许轻捐便轻得　古来创业岂云艰

"男儿何不带吴钩,收取关山五十州。"张鹏昌2006年本科毕业后就职的江苏省江都水利枢纽是一家全国著名的水利事业单位,也是南水北调东线的源头工程。他在这家单位工作了7年时间,收获了理论知识、专业技术、工作方法和宝贵经验,按理来说他可以心安理得做"老师傅"了,但他偏不知足,非要去平台更高、挑战更大的舞台。2013年,南水北调东线江苏水源有限责任公司成立维修检测中心(现泵站技术公司),他应聘到该单位做电气试验部经理。这是一家年轻而又充满朝气的国有企业,负责南水北调东线江苏境内水利工程的建设、运营和管理工作,所辖工程中有14座大型泵站。

长城不是一夜筑就的,路不是一步走出来的。新成立的单位面临的各方面问题比较多,需要一步步健全和完善,虽然他对此早有心理准备,但报到时他还是感觉到了意外。"我们单位一开始筹办的时候连办公场所都还没有,我们甚至需要从一桌一椅开始置办起。"回首当时的艰辛,他满是感慨。习惯于技术工作的他突然要搞管理,并且要从零起步建立一个业务部门,而他既是负责人又是办事员,工作艰巨性可想而知。他就像一头拓荒牛一样,不用扬鞭自奋蹄,从谋划发展规划到制订阶段目标,从谋定岗位设置到制订人才配备计划,从编制设备配置计划到参与招标采购,从制定岗位责任制到建立各项规章制度……经过半年多无数个日夜的忙碌和付出,各项软硬件要素逐渐到位,一个部门在他手里逐渐孕育成形。

部门业务能力建设是部门建设中最重要、最核心,也是最难的。与当初自己刚毕业时周围全是老师傅的情况相反,张鹏昌所负责的部门里面,除了他自己具备独立成熟的电气试验专业技术能力外,新进的4名"小年轻"都是刚跨出校门的新人,而工作任务又十分迫切地摆在那儿,纵使他有三头六臂也无法一个人完成需要团队协作才能完成的项目。如果让未经系统培训的年轻人直接上手,如何管控巨大的安全风险?"那段日子真是压力巨大,茶饭不思,夜不能寐",他回忆道。经过反复权衡和深思熟虑,他把心一横:没有其他路径可走,纵使荆棘密布,我也要砍出一条路来。下定决心,顾不上许多,他带上麾下几名小伙子就长期驻扎在新建的南水北调洪泽站开展培训了。白天,由于站上人多,安全难以管控,他就亲自教授理论,从基本原理到规程条款,从仪器设备到具体接线,从操作流程到安全措施,从精度要求到技术经验,凡是他所具备的知识和经验都毫无保留,和盘托出,生怕遗漏了点滴。晚饭后,趁厂房内无人,他精神抖擞,率领大家开展实操技术培训。他率先垂范,一边操作一边讲解流程、步骤和要领,让大家观摩,然后又手把手教每人一遍,最后让大家轮流操练,直至每个人每个环节都能熟练掌握。他们每天都训练到深夜十一二点才回到驻地休息。"当时洪泽站周边还没有什么设施,四周一片荒凉,没有月亮的晚上四周一片漆黑寂静。我们5个人做伴一起回3千米外的驻地,听到自己的脚步声都害怕,于是我们就大声唱歌给自己壮胆。"讲到这里他神采飞扬,语调格外提高了些。经过一个月的集训,在他的悉心培训和小伙子们的努力训练下,所有人都掌握了全部试验操作。这时,真正的战斗开始打响——洪泽站电气试验项目正式开始。这是对他一个月以来培训效果的考核验收。试验工作是在白天复杂的环境下开展的,现场偶发状况太多,他当时紧张得心始终提在嗓子眼,不敢有片刻走神,每个人的每步操作都须经他亲自确认后才能继续。经过一周紧张工作,他所带领的新人团队不负众望,顺利完成了部门成立以来第一个电气试验项目,这也标志着他的部门基本具备了业务开展的能力。此时,他如释重负,多日悬着的一颗心才终于放下了。

虽然他的团队具备了基本的业务能力,但是张鹏昌头脑清醒地说:"人才队伍建设、专业技术能力提升永无止境。"为了能使年轻的团队技术水平快速提升,他亲自挂帅组织大家开始编写《电气试验作业指导书》。这既是一本用于专业技术培训的教材,又是一套作业质量的内控标准,业内没有先例可参考。他带领大家大量翻阅专业书籍和规程规范,自己设计大纲架构,自己据实绘图,力争清晰明了,浅显易懂。经过反复推倒重来和字斟句酌地修订等海量的案头工作之后,该书终于正式出版。后来的新进员工都是以该书作为工具书进行岗前培训的,成效十分显著。

张鹏昌如今所在的泵站技术公司是江苏水源公司的一个全资专业子公司,专门负责泵站维修、维护、巡检等业务,他们也被亲切地称为"泵站保健医生"。电气部在他的初创和带领下,一步步前进,一点点努力,砥砺前行,每年都要完成大量的电气试验、电气改造、工程巡查和故障抢修工作,用他们高超的专业技术和孺子牛般的奉献精神为一座座南水北调泵站安全运行排险除障、保驾护航。他指着奔涌北去的滚滚江水充满豪情地说:"看,这一泓清水北上,满载着我们江苏水源人的深情厚望,必将蓄满祖国北方干裂的河床,从此生态涵养,经济增长,百姓安乐,国富民强!"

落其实者思其树　饮其流者怀其源

当被询问当初为什么选择河海大学就读时,张鹏昌并没有直接回答问题。他说至今都还清晰地记得当初他就业入职面试时的场景,考官提问:"你为什么选择从事南水北调事业?"他不假思索地回答:"我从华北地区来,从小目睹家乡人民生产生活因缺水造成的艰难困苦,因此我立志要投身于解决华北地区人民用水困难的伟大事业中。恰逢国家正在开展南水北调工程建设,我希望自己能在这个大舞台上挥洒汗水,绽放青春,创造精彩。"

"这也是我为什么选择河海大学的初心。"他坚定地说。

谈及在母校学习生活的时光,张鹏昌话语中透露出对大学时代深深的怀念。他是2002年本科入学的学生,在江宁校区和西康路校区各度过2年的难忘时光。"我们是江宁校区的第二届本科生,住宿在江南骏园,宿舍楼的名字是'一心、二全、三思、四书、五经、六韬、七步',教学楼的名字是'致高、致学、致用',还有比这更有文化韵味的名字吗?我们河海大学是充满着文化和情怀的。"

被问到在河海最充实难忘的大学生活是什么,他不假思索地回答:"在图书馆看书。"他在大学时代只要一有时间就整天泡在图书馆看书,感觉自己就像一只饥渴的书虫一下掉进书的海洋里,各类书籍让他如饥似渴,恨不得把所有图书压缩成一块饼干吞下去。泡在图书馆看书让他觉得放松、幸福,日子过得充实。

弹指一挥间,如今张鹏昌已离开母校19年了,除了对大学时代的深深怀念,他还有对母校深切的感恩。偶尔去南京出差,汽车路过学校门口,他都伸长脖子睁大眼睛尽力往校园里眺望,想在这短暂的一瞬里把所有画面印到脑子里面带走。"谁言寸草心,报得三春晖",对母校的感恩只能转化为在平凡的工作岗位上继承水利人艰苦奋斗的工作传统,弘扬新时代水利精神,在伟大的南水北调舞台上不断做出新的更大贡献。

(作　者:王炳铿)

怀治水初心，以智慧兴水利
——记计算机科学与技术专业2003届本科生校友陈丹

·········· 个人简介 ··········

陈丹，1982年出生于江苏江都，2003年本科毕业于河海大学计算机与信息工程学院计算机科学与技术专业。现任江苏省江都水利工程管理处二站副站长。

南水北调工程从20世纪50年代起，历经几十载光阴，见证了沿线从水患频发到百姓安居乐业。一江清水永续北上，无数秉承禹志的河海人前赴后继，把青春的记忆融入南水北调的历史之中，书写了一个又一个治水兴邦的奋斗故事。

南水北调东线第一期工程调水主干线全长1466.5千米，这样一个规模浩大的工程的整体信息如今已经能够通过一块块小小的电子屏幕尽数展现在我们面前。"我们搞水利工程，最主要的部分实际上是土建，其次就是机电设备，我们自动化其实是很小的一块，但最后却是通过它将工程样貌呈现给大家。"陈丹这样评价自己从事的这项工作。在采访过程中，"实实在在地把事情做好"是陈丹说得最多的一句话。

实实在在地把事情做好

2008年,在江都西闸项目中,陈丹负责了其中的自动化安装与调试工作。前期工作结束后,至整个项目完工,留给自动化安装和调试的时间非常紧张,可通信设备总是存在问题,为了尽快找出问题,陈丹连夜反复试验,经过几天几夜的不断调试,终于发现原来自动化电缆是不能跟强电放在一起的,必须分开放置或者使用有屏蔽功能的钢管相互隔离开来。在陈丹看来,工作当中遇到困难并不是什么坏事,尤其是一些从来没有碰到过的特殊问题,在面对这些"疑难杂症"时,陈丹认为"多虚心向他人请教、多做实验"是制胜的法宝。他说:"遇到困难不要着急,只要静下心来、不断学习和积累经验,总会发现解决的方法。"

在十几年的自动化管理和研发工作中,令陈丹印象最深的是2009年在淮安荚陵泵站的工作经历。荚陵泵站位置偏僻,那时又正值气温正高的七月,因为自动化工程相对于土建工程工作量较小,不需要太多人,当时只有陈丹独自负责荚陵泵站的自动化系统施工,这也是他第一次完整地负责一个泵站的自动化项目。泵站的自动化系统与以往他负责的水闸比起来要复杂许多。陈丹回忆道:"当时的压力非常大,时间紧迫,现场甚至连控制室都没有装修好,还记得有一天晚上,我一个人调试到凌晨2点多。"经过一番努力,终于按期完成了自动化系统的安装与调试,工程也如期验收,陈丹的工作成果在验收现场得到了好评。而淮安荚陵泵站更新改造建设处当年的负责人也成了陈丹志同道合的好友,十多年过去了,他们依然经常联系。陈丹不仅收获了工作经验,也收获了水利战线中坚实的友谊。

2015年,陈丹来到江都二站,没多久就被外派到上海浦东机场二级排水系统委托管理项目部。陈丹负责管理的是三座出海泵闸及五座内河节制闸,这也是南水北调工程经验运用到其他工程中的一个典型案例。陈丹回忆起2019年在上海浦东机场工作的情形:"当时正值国庆前夕,9月30日,台风来了,三座泵闸就在长江的入海口,12级台风把启闭机的钢盖板都掀掉了。那一次,我们两天两夜都没有睡。"长江一旦落潮,就可以开闸排水;但台风来了后,潮水落不下去,就必须开泵把水抽出去。当时我们就是咬牙坚持下来的,水利人都是这样的。俗话说得好,"养兵千日,用兵一时""万无一失,一失万无"。陈丹在上海浦东机场外派工作了6年,这些年,他一直保持着认真负责的工作态度,从未出过问题。念念不忘,必有回响。几年来,陈丹的工作得到了业主的充分肯定和一致好评,他负责的项目部也连续多年被评为优秀项目部。

从江都西闸到淮安荼陵泵站,再到浦东机场,陈丹脚踏实地、迎难而上,"认真做事,真诚待人",这也是陈丹在工作和生活中一直所遵循的行事准则。

心怀感恩地坚定前行

谈起工作当中印象深刻的人,陈丹说,江都二站站长徐宁给自己提供了很大的帮助。在日常工作中,徐站长为人随和,能够设身处地地站在员工的角度考虑问题,理解员工的难处。"由于之前未接触过泵站管理,刚到上海浦东机场项目部时,我是两眼抹黑,不知从哪里着手,工作中存在较多困难,徐站长耐心地帮助我协调解决,使我很快适应了新的工作环境。"这一点让陈丹深受感动。近几年,陈丹一直在徐站长的指导下不断提升着自己。陈丹说:"徐站长不但教我们怎么做,还会教我们为什么要这样做。"这样授人以渔、循循善诱的引导方式对陈丹今后的工作产生了很大的影响和启发。

由于需要经常出差,新冠疫情对陈丹的工作也产生了不小的影响。2020年1月疫情刚发生时,陈丹正在家中过春节,大年初八就回到了上海浦东机场项目部。虽然知道去了暂时回不来,但是他依然选择来到现场,做好相关的管理工作。2021年春节期间,疫情反复,陈丹和项目部的所有工作人员都没有回家,一直坚守在上海浦东机场项目现场。"2021年的春节,我是和工友们一起过的,"陈丹回忆道,"虽然条件艰苦了一些,但是氛围还是很好的。"由于工作的原因,陈丹经常与家人一分开就是两三个月。"我2015年来到江都二站,2016年就到了浦东机场。2016年9月,我的第二个孩子才刚刚出生,这些年来,对家庭确实没太照顾到。"谈起家人,陈丹满是愧疚。

工作的历程中,陈丹很感谢每一位给予他帮助的人,不管是家人、同事、项目中遇到的伙伴,都给予了陈丹前行过程中满满的力量,带着这些温暖的力量,陈丹在献身水利的路上,坚定前行。

以智慧兴水利

"我是江都本地人,从前当地人不叫我们单位为'江都水利枢纽',而是叫'引江'。顾名思义,就是把长江水引进来的意思。当时感觉这个单位充满了神秘感,进来之后了解了项目的水系图、功能之后,才知道南水北调工程的意义重大,为国家的经济社会发展做出了重大的贡献。"能够通过所学的自动化知识参与国家这一重要的战略性工程,陈丹感到十分荣幸和自豪。

2003年,陈丹刚来到江都水利枢纽时,这里已经初步建成了工程自动控制系统,经过多年的升级改造,系统功能得到了很大提升,从一开始仅能实现简单的开机开闸功能,到后来不断发展成为一个集工程控制、监测、报警等为一体的综合管理平台。起初,江都水利枢纽各个管理所都有一套独立的工程自动控制系统,后来管理处的变电所成立了集中控制中心,把江都水利枢纽四座泵站及四个水闸管理所的数据都集中起来,在集中控制中心就可以看到所有工程的运行情况了。据陈丹讲述,近几年,江都水利枢纽已逐渐形成了一个"驾驶舱"的概念,把工程监控、设备维修养护等都整合起来,在设备维修周期快到时就会收到系统的提示,而不是出了问题才检修。此外,还有档案管理、考勤等都将逐渐融合到整个管理系统当中,实现信息共享。

怀揣着水利梦想的陈丹,赶上了计算机发展的时代浪潮,于是用信息技术解决水利问题的想法在陈丹脑海里发了芽。陈丹选择到河海大学学习计算机专业,通过本科四年的脚踏实地、稳扎稳打,进入了江都水利工程管理处,投身于水利自动化的工作当中,将献身水利的初心与本科所学专业充分结合了起来。

在河海的一次实习经历让陈丹印象颇深。那是2001年的9月,他刚上大三,学院组织前往三峡实习。"坐了24小时火车到宜昌,"陈丹回忆说,"当时感觉非常壮观,大坝差不多完工了,船闸已经有了。"当被问起这次实习经历是否让他对未来选择从事水利行业更加坚定了,陈丹不假思索地说:"是的!搞水利嘛,总要有人坚守在这里。有的人一辈子就干了一件事,在一个闸上待了20年、30年,甚至是一辈子。"

"8舍601,"陈丹回忆起当时的宿舍号时脱口而出,"当时我们8个人1间宿舍,现在河海的宿舍都装了空调,我们那会儿可没这么幸福哦。"毕业之后,舍友们都在各自的岗位上坚守着自己那一方天地。"这几年,我们一直都保持着联系,"陈丹笑着说,"前年我们还一起回了趟母校。"

陈丹回忆起在河海的4年,眼中泛起无尽的温柔和暖意。陈丹认为,"做事认真"是大多数河海校友的标签,同时更是河海教会自己的极为珍贵的品质。谈起在学校中难忘的老师,陈丹聊起了冯老师:"那时候,他是我们学院的党委副书记,他时常问起我们的人生规划。当时还觉得老师说的都是大道理,不以为然,但走上社会后才发现确是如此。"此外,廖老师在课堂上的谆谆教诲,也让

陈丹记忆犹新,"要好好学习"的嘱托让陈丹深受影响并铭记至今。

认真学好专业知识之余,陈丹也有不少的兴趣爱好,图书馆阅览室是陈丹常去之处。对河海的学弟学妹们,陈丹寄语道:"要多多参与社会实践,大学是一个很好的平台,不仅仅要学好知识、本领,培养语言表达等各项能力也是十分重要的'功课'。多参加团队活动,与成员之间做好沟通,走上工作岗位后会发现学会沟通是至关重要的,如果不会沟通,工作效率会非常低。"

"持志如心痛,一心在痛上。"正是有许许多多像陈丹这样默默无闻认真做好每一项工作、站好每一班岗的水利人,矢志不渝地坚守在治水兴邦的岗位上,才有了而今水患不再的鱼米之乡,才有了一江清水北上。他们用一生去追逐着"横流浩劫永断绝"的愿望,践行着河海人"天下有溺犹己溺"的承诺,在南水北调的碧波中,在新时代水利建设的道路上,奋勇向前!

(作　者:赵　瑾)

绽放河海光芒,看水之子的水文青春
——记水文水资源工程专业 2006 届本科生校友罗兴

个人简介

罗兴,1983 年生,2006 年毕业于河海大学水文院水文系,毕业后就职于长江委水文中游局。先后担任螺山水文站站长、岳阳分局副局长、河道勘测中心副主任、技术管理室副主任兼水文科科长、汉口分局局长等职务,现任长江工会兼职副主席、水文中游局副局长。自参加工作以来,罗兴参与过洞庭湖本底测量、江湖汇流测量、洞庭湖水生态监测、江岸区水环境现状调查等大小项目百余项,发表论文及编写技术报告 50 余篇。先后荣获"全国先进工作者"、"全国五一劳动奖章"、"全国技术能手"、中国农林水利气象系统首届"绿色生态工匠"、"全国水利技术能手"、"第五届全国水文勘测工技能大赛第一名"等荣誉。

与水结缘,开启水文人生

罗兴出生于湖北省黄冈市黄梅县的一个小村庄,在他的童年经历中曾留下过关于长江水患的阴影。

1996 年,黄梅县遭受罕见的内涝灾害,而该地地势较低,正值雨季,当时年仅 13 岁的罗兴第一次感受到洪水给生命和财产带来的巨大威胁。1999 年夏天,长江洪水依然肆虐。村子里组织各家青壮年轮流到江边值班,观测水位的变化。由于罗兴的父母需要参与农作劳动,罗兴主动提出替代父母前去江边值班。他每天居住在临时搭建的工棚,监测江水水位的变化,并及时向村里汇报相关情况。这项工作日夜不停,虽然辛苦,但罗兴认为它具有重大意义。因为这关乎村民的生命安全和财产安危。这两段经历不仅使罗兴对水文学有了更深入的了解,同时也塑造了他勇于承担责任的精神,激发了保护家乡的勇气,为后来的求学与工作奠定了坚实的基础。

河孕育着文明,海凝聚着力量。高考后,怀揣对水的热忱与敬畏之心,罗兴来到河海大学求学。在河海的4年,老师们实事求是、精益求精的治学态度,让罗兴学到了一丝不苟、敢于创新的工匠精神,"道技合一,追求卓越"这句话始终贯穿于罗兴的学习和工作生涯;专业理论与实践相结合的教学模式,让他养成了踏实工作、不弄虚作假的工作作风;河海水文历史悠久、实力雄厚的底蕴,让他既自信又时刻警醒自己,帮助其锚定目标不偏离。母校在罗兴成长过程中,所给予的是水文人无法衡量的价值理念。

毕业多年后,罗兴仍深刻地记得在河海上学时所遇到的"严师"——谢悦波老师。谢老师当时教授罗兴水文测验课,他要求在水文测量后要精确无误地计算出流量数值,无论是数据的精确性还是字迹的美观,都提出了严格的要求。也正是这样的要求,帮助罗兴养成了做事一丝不苟、"能做绝不做错"的良好习惯,也为他后来工作后参与"全国水文勘测工技能大赛"并获奖打下了良好的基础。

此外,罗兴对于工作和生活还有独属于自己的感悟——"锚定一个目标,提高两点认识,提升三种能力,注重四个坚持"。

锚定一个目标指的是有了目标就锚定了方向,有了方向,就能紧紧围绕目标开展学习,始终在目标指引的方向和道路上持续奋进,以实现美好理想为学习目的。

提高两点认识,一个是每门课都值得为之付出全部努力:课堂上学到的基础知识,有些或许暂时用不到,但就是这些知识,总能在不经意间带来意想不到的惊喜。罗兴在全国水文技术比武赛场上,在最后的专项八选五中,他都会选择专业理论知识,每次分数也总能拿高分,这正是因为大学课堂上所学的专业知识打下了坚实基础。另一点认识是经历与能力的重要性,远大于工资收入。罗兴在基层水文站工作时,接待过很多来自武汉大学、华中科技大学、湖北大学以及河海大学的学生,他们有的是跟着老师来开展水文测验实习的,有的是利用暑假的时间开展社会实践学习,每次他们来,罗兴都倾囊相授,解答关于专业知识、就业以及人生困惑的问题。但当罗兴问到他们来汉口站的工作意愿时,总能在学生们的脸上看到犹豫和迟疑。"在你们这里工作,一年能拿多少钱?"

这是学生们普遍存虑的关键问题。对此,罗兴总会笑着解释,他毕业后,见过了很多分布在祖国各地的水文人,从事着各种各样的事业,他们一开始可能分到了县局、项目工地、小型设计院,拿着微薄的工资,但是很多人都坚持下来了,没有在开始的时候选择放弃,最后也都取得了不错的成绩。

提升三种能力:一是组织协调能力。什么是组织协调能力呢?在罗兴看来,工作中临危受命担任一个项目的负责人,面临业主、监理、实施人员、评审专家、后勤保障等各方面的问题;担任一个部门的一把手,面临如何带领职工有更多的幸福感和获得感的问题,这些考验的都是组织协调能力。罗兴指出,在大学时光中,要主动融入集体,积极参与集体活动,从一点一滴开始培养组织协调能力。二是学习能力。"学习最快乐,收获最快乐",他喜欢无忧无虑,没有压力地在知识的海洋中徜徉,和志同道合的同学们同生活、同劳动、同学习;喜欢在学习过程中,攻克一门又一门专业课,解出了一个又一个计算题和方程……用这样的心态培养自己的学习能力,自身便能得到长足的发展和进步。三是解决实际问题的能力。习近平总书记在多个场合勉励年轻干部,要不断提高解决实际问题的能力。罗兴认为,解决实际问题主要包含几个方面,如思考问题的能力:通过表面现象,深入分析隐藏的问题;提出措施的能力:需要自己平时多学习、实践,增加自己的知识、技能;阅历沟通的能力:多有效沟通、进行头脑风暴,沟通时不要评价别人的想法;对错决策能力:最终要与大家一起决策,寻找共同的目标。

注重四个坚持。第一,是坚持运动。"运动让我在苦累中学会坚持,也让我为繁杂的工作找到一个释放的方法。"第二,是坚持培养自己的爱好和特长。罗兴在单位中工作多年,发现一个单位最难能可贵的便是拥有复合型人才。目前水文现代化发展的目标,正朝着"全要素、全自动、全量程"前进,人是起着决定性要素的生产力,这其中懂信息化的人才更是稀缺的优质资源。第三,是坚持阅读和写作。《习近平的七年知青岁月》一书详细描写了习近平总书记在青少年时期如何挤出时间来读书的细节,可以看出那时的积累为后来习近平总书记在各种场合引经据典的讲话打下了牢固的基础。对于阅读这本书,罗兴也有着自己的体会:就是要通过读书开阔视野,丰富阅历,洞察人生和社会,明晰自我与世界的关系。通过读书学习,认识客观世界的多样性、丰富性、发展性;认识自我的优势、特长、不足;认识客观世界和自我的关系,特别是价值关系。第四,是坚持感悟和思考。感悟和思考是人们对待事物或经历所产生的感想与体悟、感受与领悟,因有所感触而醒悟。悟是一个过程,觉是一个瞬间。要通过自己的沉思,领悟人生,确立自己的价值取向,明确自己的人生态度,找到自己的人生目标。感悟是一种回味,是一种反省,是一种自我境界的提升。睡觉前反省一下自己今天一天的行为,有过则改之,无则加勉。"学习过程中,比如我们学习的水文专业,可以通过空、天、地的思考,串联起《水文学原理》《水文测验》《水文预报》《水文分析计算》等专业课程,可以通过点、线、面串联起水文测报工作的内涵,进而加深对学习、生活的认识。"

不管是在学习还是工作中,罗兴都在不断践行着自己的"感悟"——不忘初心,坚定不移地走在水利事业的道路上。

勤学苦练,增长水文技术

2006年7月,从河海毕业后,罗兴来到洞庭湖畔的长江委水文局岳阳分局工作。岳阳分局管辖着长江流域上两个重要国家基本水文站——城陵矶水文站和螺山水文站。在刚参加工作的时候,作为单位引进的第一个科班出身的大学生,领导和同事们都对他寄予厚望,他自己也为能进入全国水文排头兵的长江水文而自豪。虽然在学校里学习过很多水文的理论知识,但是真正来到了工作现场,才发现别的同事都能娴熟地开展工作,自己却只能在一边看着,内心充满了失落和焦急。

因此,罗兴一开始就投入到自我加压的紧张学习中,白天虚心向身边的前辈们请教,通过多听、多想、多做,不断加强学习,外业工作只要他看了一遍后,都会要求下次自己亲自来,让师傅们在旁边指导;晚上继续翻阅从学校带来的专业书籍,与白天学到的实际操作进行对比,从书本中找到理论解答和依据。虽然大部分测验工作都能通过软件和计算机得到结果,但为了掌握基本算法和原理，罗兴经常通过手工计算验证结果的正确性。

测站位置偏僻，生活单调，学习就成了他的娱乐。每天下班后、周末和节假日，他都一个人在单位的院子里摆弄仪器设备，平地上、公路边、河滩地、大堤上，都留下了罗兴的身影。功夫不负有心人，短短的几个月他就能开展一般的水文测验了。

入职当年10月的一天，罗兴和同事们来到一个水文测验项目工地。经过一条船时，看见一位同事独自在船上装仪器和调试设备，动作十分娴熟。"他和我是同一批进来的，短短3个月就能独立把工作完成得这么好，了不起！"感慨的同时，罗兴的心里也受到了不小的刺激。回去后，他暗下决心：学习必须"提速"！记不清多少个晚上，他在办公室里一遍又一遍计算内业数据，翻阅专业书籍；记不清多少个节假日，主动要求和同事们换班，只为了能在办公室摸摸仪器设备，多学一些知识。"一开始，师傅们教我安装GPS-RTK测量仪器，当时我自己安装的速度是14分钟，经过反复的请教和练习，我的最好成绩达到了1分26秒。"罗兴满意地笑道。

2007年5月，罗兴入职刚半年多，接到了局人事部门的电话，希望他参加中游局水文技能竞赛选拔赛。罗兴在这之前从不知道有这个选拔赛，也不清楚比赛内容，更别说怎么准备了。仓促应考，他不出意外地考出了倒数的成绩。罗兴原本以为这件事就这样过去了，没有想到峰回路转。领导在确定参赛人员名单时，觉得他有一股好学的劲头，又让罗兴以候选的资格继续参加后面的淘汰赛。经历了第一阶段的选拔，他对技能竞赛也有了更深的了解，知道考什么、如何考、怎么复习。在随后的5个多月的多轮选拔中，罗兴的成绩也一直稳中有升，最终获得了代表长江委参加第四届全国水文勘测大赛的入场券。承载着领导们的期望，罗兴与同事们踏上了江西弋阳水文站的赛场。最终，罗兴获得了三等奖。"全国水文勘测技能大赛"是水文行业内规格顶尖的技能竞赛，罗兴就是在这样的竞赛中让自己的水文勘测技能更加卓越，水文知识更加扎实。这个奖项不仅增强了罗兴的信心，也让他见识到了全国技术顶尖的水文人的风采，他叹服于他们精湛的业务水平。

5年时间一晃而过，2012年第五届全国水文勘测技能大赛悄然而至。领导的期望再次落到了罗兴身上。可是，相比于5年前，罗兴有了自己的家庭和孩子。加上由于长年累月不分昼夜工作，当时的他患上了严重的腰椎间盘突出症，右腿麻木，步行不超过300米就必须停下来蹲着休息。天平的两端，一边是自己的家庭和自己的身体，另外一边是单位沉甸甸的责任，思前虑后，罗兴最终下定决心,不辜负单位对自己的培养,不愧于自己深爱的单位和工作,全力以赴应考。思想决定了行动,在此后的选拔过程中,罗兴都顺利通关,再次走上了全国的赛场并在最后一举夺冠,取得综合第一名和一个单项第一名的好成绩。

两次参加全国水文勘测技能竞赛的经历让罗兴受益匪浅,他不仅获得了各种荣誉,更重要的是通过比赛,系统地学习了水文专业理论知识和操作技能,较快地掌握了工作必备的技能,还见识到了来自全国的水文勘测高手的风采,开阔了视野,看到了差距,明白了终身学习的重要性。

动手创新,迸发水文活力

敢于动手,善于动手;敢于创新,善于创新。罗兴秉持着这样的精神战斗在水文一线,遇到设备故障自己拆开修,遇到监测困难自己动手设计,在一次次经历的锻炼下,他不仅提升了自己水文监测工作的能力,也为单位水文事业的发展贡献了力量!

2009年以前,螺山水文站还是实行每年测流100次以上的连时序测站,由8人全年驻守,每次测流都需4个小时左右。为了精简测次,罗兴和同事们一起开展单值化分析试算。单值化分析是一项复杂的试算过程,不同的参数率定,要经过多轮误差对比分析。两年多的时间里,罗兴和同事们一起制订分析方案,一起抓住碎片时间画图计算,光画图用去的铅笔就超过了30支。功夫不负有心人,2008年底经过水文局开会论证,螺山站单值化分析顺利通过验收,螺山水文站在2009年成为长江上第一个实现流量单值化分析的水文站,实现汛期驻守,枯季巡测,每年流量测次减少到30余次。这项技术获得了"长江水文技术创新一等奖"。

同年,上级单位为螺山站配发了一台进口的Trimble(天宝)GPS罗经,该仪器能够解决ADCP(声学多普勒流速剖面仪)受铁质船体干扰的问题,提高流量测验精度。为了实现仪器早日投入使用,罗兴和同事又马不停蹄地开展比测。由于当时并没有使用该仪器的先例可循,为了摸索仪器使用方法,罗兴将仪器随带光盘中的英文用户指南,对照着英汉字典,逐字逐句翻译。尽管翻译出来的语言有些生硬,但是使用方法在他脑海中逐渐清晰。

"走,我们试仪器去。""啃"完上万字的英文指南后,罗兴兴冲冲带着同事一起上船比测。然而,测试结果并不理想。回到单位,罗兴又拿起仪器和说明书反复比对,并带着仪器再次进行比测。不料,结果仍是失败。同行的同事已经不抱希望了,但罗兴不愿放弃,他静下心来,脑海里不断回想一个个英文字母,推敲问题出在哪。"那几天甚至半夜也会惊醒,想着是仪器哪儿设置不对,然后一个翻身就从床上起来重新琢磨",罗兴说。经过几天的反复推敲,罗兴重新调整了参数设置,并大胆再次进行测试。"26000立方米每秒,30000立方米每秒,40000立方米每秒……"功夫不负有心人,随着一次次比测通过,罗兴终于掌握了该仪器的使用方法,解决了高水位期比测误差大的问题,将ADCP流量测验范围从20000立方米每秒拓展至55000立方米每秒,也为后面测站的使用提供了可借鉴的经验。

在仪器研究方面,罗兴也越来越"大胆",别人不敢碰的故障设备仪器,他偏偏迎难而上。他凭借经验判断,许多仪器是内部零件出了问题,而不是外在损坏。遇到这类故障仪器,他第一个想法是:"拆"!一台价值26万的进口仪器信号时好时坏,他果断拆开,寻找问题。最后发现是内部一截二极管出了故障,于是罗兴花3块钱在网上买了二极管换上,成功修复了仪器;一台仪器信号时有时无,给工作带来很大不便,他拆开后发现干燥剂全部卡在电路板上,于是买了两把钟表刷,花了一整天把干燥剂一颗颗清理下来,使得设备重新运转良好……

"搞技术的人一定要敢于动手,不要怕。仪器设备都有自己的工作性能,用心去感受它们的'脉搏',而不仅仅是把它们看作工具,一定会有意想不到的收获的。"罗兴谈到自己的经验,脸上洋溢着满满的职业幸福感。

责任担当,坚守水文岗位

"交办的事情不打折扣,百分之百做好,才能真正尽到保护长江母亲河的职责。"这句话常被罗兴挂在嘴边。

水文预报工作是防汛抗旱的"耳目",其主要任务就是了解长江水情变化,为防汛抗旱、水工程建设以及国民经济发展决策提供数据支撑。因此,"准确"的重要性不言而喻。现在,罗兴在管理工作中常告诫新来的年轻人,对数据一定要"较真","要真正沉到工作中去"。

2011年12月,长江中游局给罗兴所在的分局下达了洞庭湖本底测量的任务。当时罗兴身体不好,7月份查出腰椎间盘突出以后,他每天忍受着病痛的折磨。当时罗兴的儿子出生也才8个多月,刚刚到岳阳和他团聚。家里人都不太支持他这个时候去条件艰苦的洞庭湖开展工作。但为了不辜负组织的信任和领导的安排,不让工作有所延误,罗兴说服爱人,把孩子送回了老家。当天晚上,收拾小孩子的玩具时,一直认为自己很坚强的罗兴拿着儿子的玩具,泪流满面。

就这样,罗兴既当指挥员,又当战斗员,带领20多人的测量队伍深入洞庭湖腹地,开展本底测量。为了提高工作效率,他们吃住都在一条平板货船上,白天穿梭在20多厘米高的芦苇桩地里,一根根芦苇桩就如同一把把匕首倒插在芦苇滩里,一不小心,就会刺穿鞋底;晚上就在彩条布搭建的临时房间里,在发电机的轰隆声中静心处理内业资料。每天早上醒来,彩条布上的露珠滴落在被子上,被子全部都是湿漉漉的。此外,团队还要克服天气的寒冷。洞庭湖地区的冬天,寒风凛冽,雨、雪、雾轮番侵袭,临时请来的工人又因年关将近,人心不稳,牢骚满腹,要求不断,工作积极性不高。面对这样复杂的条件,罗兴总是身先士卒,主动选择最苦最累的测区,承担最重最难的活。工地上,罗兴总是第一个起床,最后一个睡觉,时间一长,他的工作态度得到了工人们的理解,笑称他为年轻的"小管家",工作氛围在互相谅解、互相支持中不断向好。最终团队在洞庭湖腹地工作了92天,圆满完成了上级下达的任务,在300多平方千米的地形图上,水塘、树林、芦苇荡、湿地,没有一个测点间距超过规范允许的100米。

2014年8月,罗兴又接到了单位领导安排的带队完成恩施州3个县山洪灾害调查与评价的任务。这是一项全新的工作,他以前从未接触过,而且当时他的腰椎刚做完微创手术不久,医生叮嘱他多卧床休息。但是责任感让罗兴没有丝毫犹豫,"接到任务时是个周日上午,我急忙赶往单位,查找相关资料,提前做好准备工作"。测量队伍中有几个刚参加水文工作的年轻人,面对每天起得早、收工晚,吃饭也不定时的生活,几个新人不免抱怨,觉得和罗兴在一个组,工作"太苦了",也有人问有没有"投机取巧"的办法,让工作轻松些。罗兴语重心长地告诉他们:"刚刚参加水文工作,树立正确而牢固的职业态度很重要,一定要干得踏实和心安。水文工作只有多和自然亲近,多和水打交道,工作才会有收获。"多少次上级来检查,罗兴稍做收拾就带着领导们到各个工地查看现场情况,检查结束后,他又马上换上工作服,跳入冰冷的山洪溪水中开展测量。为了能测到恩施州清江河段精准的数据资料,罗兴团队只能在闸口关闭,趁水浅的时候下河测量。因此,他们每天早上5点多就起床赶往清江边,蹚着冰冷的江水开始测量,就为了能赶在9点开闸门前多测量一个数据。9点开闸放水后,他又马上转到另外一个地方。最终在同志们的配合下,团队圆满完成了本次任务,成果获得了国家防办和恩施州领导的认可。

在罗兴的关心和鼓励下,团队凝聚力越来越强,干事氛围愈发浓厚。罗兴回忆,2018年7月,受长江上游水情影响,中游江水含沙量大,十分浑浊,且这样的情况持续时间远超往常,达到了23天。由于含沙量的检测结果对下游河道的工作至关重要,罗兴带领大家从早到晚连续检测了23天。尽管当时正值气温最高的时候,但是队员们努力克服各种困难,把全部精力投入测验工作,外业、内业高度配合,凭借各项细微工作,为水旱灾害防御工作站好了坚实的一岗。

"艰苦朴素、实事求是、严格要求、勇于探索",水之子罗兴的水文青春,是对这十六字校训的践行,更是对河海精神的传承。"我会牢记母校教诲,做一滴折射河海光芒的小水珠。"罗兴说。在未来的水文人生中,他仍将秉持河海精神,他所绽放的河海光芒将更加耀眼!他仍将和千千万万的水文"尖兵"一起,继续守望长江、保护长江。

(作　者:黄　鸣)

平凡的岗位　不平凡的坚守
——记环境工程专业2004届本科生校友罗春艳

个人简介

罗春艳，女，1982年2月出生，中共党员，长江委水文局长江中游水环境监测中心（以下简称中游中心）副主任（牵头负责人），高级工程师。2004年6月毕业于河海大学环境工程专业，同年7月参加工作。自参加工作以来，罗春艳便以兢兢业业的工作态度奋战在水质监测一线岗位，高效优质地完成了长江中游干支流地表水水质监测、国家地下水监测等百余个断面（站）的生产任务，先后承担铜铅镉锌等金属、高锰酸盐指数、氰化物、挥发酚、氟化物、氯化物等参数的测定，共取得40多项参数的检测上岗证。同时，凭借优异的工作表现和工作业绩，罗春艳先后被评为长江委"青年岗位能手"、"全江女职工建功立业标兵"、长江委水文局"优秀党员"、长江委水文中游局"十佳水文职工"，在中游局年度考评中多年被评为"优秀"。

虚怀若谷，勤奋好学

刚参加工作时，罗春艳对Excel使用不是很熟练。但在日常的水质监测工作中，需要处理的数据却较多。为了提高工作效率，她利用业余时间研究琢磨，从最初的"搬运工"（反复对数据进行复制、粘贴）到后来将Excel链接、工作组、标题行、页眉、页脚、页码的设置，年月日时分的合并等运用得心应手，大大提高了工作效率。然而罗春艳并不满足这一点进步，继续深入学习Excel相关知识,后来实现了监测数据一次输入,整编成果及特征值计算等一次输出,彻底告别了"搬运工"身份。

罗春艳注重技术创新,带领中游中心研发完成 LIMS(实验室管理系统),率先在全江实现"无纸化"水质监测分析全流程,并获得 3 项计算机软件著作权。她积极参加新仪器、新方法、新技术的应用革新,参加了湖北省自然科学基金项目"基于离子液体的砷污染水体监测技术的开发和应用研究"、长江科学院开放研究基金资助项目"调水及梯级开发影响下汉江中下游干流水环境演变规律研究";完成了新仪器气相分子吸收光谱仪、有机碳测定仪、连续流动分析仪的运行投产工作。

以赛促学,以赛练兵,是长江委水文局的优良传统。罗春艳凭借着扎实的理论基础、高超的业务技能和谦虚好学的工作态度,在比武的"练兵场"上屡有斩获。在备战水文局 2011 年技术大比武活动时,泥沙分析是她未接触过的项目,赛前她虚心求教、反复实践,赛中她沉着应对、规范操作,最终取得了水文局 2011 年技术大比武水质泥沙专业的一等奖。2013 年,已过而立之年的罗春艳全力备战长江委第七届职业(水质、水环境监测)技能竞赛。在复习备考中,她错过了美好的秋日阳光,错过了江滩的美丽芦花,错过了与孩子秋阳下的嬉戏……"小棉袄"说:"妈妈,拿不到奖牌的话,我给你画一个。"女儿的鼓励、家人的支持,激励着她奋勇向前,最终她通过努力获得容量分析优胜奖、个人二等奖、团体二等奖。2016 年,在长江委第八届职业(水环境监测)技能竞赛中,罗春艳取得了高锰酸盐指数测定第一名、天平称重第一名的好成绩。2019 年,作为年龄最大的选手,抱着对单位的感恩之心,罗春艳奋力拼搏,最终获得了二等奖,并在随后水利部举办的"助推绿色发展,建设美丽长江"水质监测技能竞赛中,带领团队获得团体一等奖的好成绩,为单位赢得了荣誉。

工作严谨,一丝不苟

水是生命之源,水质的好坏直接影响着人们生活健康。关注辖区范围内水质现状是罗春艳一刻也不放松的牵挂。

2016 年、2018 年,面对汉江中下游暴发的水华,罗春艳冲锋在前,春节期间不间断应急监测,为掌握水华发展趋势提供了科学支撑。2020 年 2—3 月,在武汉市新冠疫情防控最关键的时期,由于春节前后气温回升和新冠疫情的影响,为监测汉江中下游水华发展情况和长江、汉江武汉段可能面临的大量带菌废水及消毒液等污染水体的潜在风险,罗春艳组织中游中心职工克服交通出行不便、人员少的困难,身先士卒,开展了 4 次预防性水质应急监测。监测分析报告报送长江委和水利部,为防疫工作部署提供了技术支持和决策依据,得到了长江委和水利部的通报表扬。尤其是 2021 年 1 月,汉江中下游再次暴发轻度水华,罗春艳组织团队开展了共计 13 次的连续应急监测,监测结果上报水资源节约与保护局,为主管部门合理调水提供了重要技术支撑,及时有效地控制了水华的态势,有力保障了流域饮用水安全,取得了较为显著的生态效益和社会效益。罗春艳还充分发挥专业特长,积极参与随州污水处理厂水质监测、湘桂边界地下水连通试验、大冶湖治理水质底泥调查监测、新疆博州地区"一河一策"方案编制、上海市河湖水质调查等服务项目,为绿色水文发展贡献自己的力量。

规范化和精细化管理是水质监测的重要支撑。罗春艳主动作为,积极整理各类文件档案、规范各类生产记录表格、筹备人员岗位证书考核等,逐步建立起比较完备的质量管理体系,全面对接国家检验检测机构资质认定实验室运行管理要求,主持并负责更新编制了中心多个版本的《质量手册》《程序文件》等。为了准备相关检查材料,罗春艳常常放弃节假日休息时间在办公室加班。在她的组织协调下,中游中心 2006、2009、2012、2015、2021 年均顺利通过了国家级资质认定换证复查并获得评审组专家好评;顺利通过2013、2019年水利部"七项制度"监督检查和2019、2021年市场监管总局、生态环境部、国家药监局部门联合"双随机"监督抽查。

对水质监测工作而言,成果质量是生命线,罗春艳将质量意识与工作融为一体。无论是作为检测员、档案管理员,还是牵头负责人,她都以高度的责任心,狠抓质量不放松,认真对待每一个监测数据、每一张表格,对数据负责,对历史负责。她个人承担的国家认监委、水利部、流域中心、长江委水文局等的质控考核等任务,均一次考核合格。2015年中游中心被长江流域水环境监测网评为"监测成果质量先进单位";在水文局水质监测资料成果评比中,2016年度中心监测成果质量获第一名、2017年度获第二名、2018年度获第一名。

缘于河海,情牵水利

对于罗春艳而言,选择来到河海更多的是一种巧合。那时的她刚刚结束高中3年的苦读,对于大学、专业、未来等还没有明确的认知和方向,通过老师的推荐和自己对环境专业的浅略了解,她选择了河海大学环境工程专业,成了一名水之子。

由于缺少专业认知,初到河海时罗春艳就感受到了落差。环境专业的课程与学习难度同自己的想象有着一定的差距。初入大学,也很难在短时间内适应全新的生活。但罗春艳一直以来坚信一点,只要自己不断努力,必然可以做到最好。

大学4年里,罗春艳最大的学习感悟就是,不要放过任何一个细小的知识点。哪怕是再不起眼的知识,也要仔细地把它研究透、学扎实。她每天出入图书馆和自习室,潜心钻研各种理论和方法,遇到不熟悉的知识就反复啃,不会的就及时向老师请教。通过自己的努力,罗春艳在毕业后成功被长江委录用,来到了水文中游局水环境监测中心。

2020年10月,罗春艳开始担任科室的牵头负责人,作为一名母亲和妻子,她能分给家庭的精力就更少了,这让她既愧疚又感激,她告诫自己唯有保持初心,用出色的成绩来回报他们。

她坚信"人生在勤,唯有奋斗",她将在保护长江母亲河的光荣事业中,当好水质守护者,不负新时代。

(作　者:邵一川)

"慧"心清如水　风"萍"正相与
——记环境工程专业 2013 届本科生校友罗慧萍

个人简介

罗慧萍，2013 年本科毕业于河海大学环境工程专业，同年保送本校继续攻读环境科学与工程专业硕士。2016 年硕士毕业后至今，就职于长江水利委员会长江科学院。多年来，主要从事水环境数值模拟、水环境规划与评价、流域水环境管理保护政策咨询等工作，先后参与国际、国家级及省部级项目数十个。

南水北调工程事关国计民生，不仅要保证充足的调水量，还要保证良好的水质。中线工程通水以来，干线水质连续多年优于Ⅱ类标准，源头丹江口水库水质 95％达到Ⅰ类水标准，这傲人的成绩背后离不开水质管理人员的努力，他们把好一道道质量关，为北方百姓送来了清澈的"放心水"。

严守水质安全的责任底线

调水水质好不好，源头是关键。作为中线调水工程的"水龙头"，丹江口水库的水质安全是保证总干渠水质达标的前提，然而在前些年，水污染等水安全问题常常牵动着管理人员的心绪。经过长期坚持不懈的努力和管理，目前丹江口水质已经达到Ⅰ类标准，成为可以直接饮用的安全水源。

2016 年，在治理工作接近收尾的决胜阶段，刚刚研究生毕业的罗慧萍来到长江

科学院水环境所,参与了南水北调中线水源工程水质监测中心实验室建设和运维工作,扛起了丹江口水源地水质实时检测分析的重任。5年时间里,她以高度的责任心虔诚地对待自己检测的每一滴水,经她之手的化验有数千次,几乎从未出过差错,这过硬的本领源于她日复一日的钻研和严谨。

"虽然这是很基础的工作,但是对保障水安全是非常重要的。"正如她所说,只有基础工作做扎实,后面出现任何情况才能及时分析处理。她坚守的,是水质安全的第一道关。

让罗慧萍印象深刻的一件事情,是2021年汉江某支流发生的突发性水污染事故,被污染的水一旦被饮用将损害人体健康,造成恶劣的民生影响。虽然受污染支流离丹江口库区还存在较远距离,"但是毕竟是往北方运水,不能有一点问题,如果影响了水安全就是非常大的事情了",她说。相关部门高度重视本次事故,在第一时间快速组建了团队进行处理。她作为其中一员赶赴现场,负责水污染扩散演进模拟分析工作,及时预测污染是否会对丹江口水库水质造成影响。

"时间紧任务重"是她对这次任务的概括。时间紧,"紧"在越快越好,要尽可能缩短处理时间,防止污染扩散。任务重,一方面"重"在责任重大,"往北方运水不能仅有水量,没有水质",她说道。作为京津冀豫人民的生活用水和农业

用水水源，水安全容不得半点差池。当支流汇入库区，不光要考虑支流本身的污染，还要考虑对库区的影响，库区模型和支流模型如何耦合的问题，这给大家带来了不小的挑战。由于她所在的长江科学院负责支流的模拟预测，兄弟单位负责库区的模拟预测，两个单位对一些方案的意见经常不统一，他们一起讨论，相互沟通，确保了最终结果的科学可靠。任务重，另一方面"重"在工作量大，有关领导和团队成员经常通宵工作，他们肩负沉重的担子，罗慧萍和团队成员每4小时就要检测一次水质变化情况，有时还要通宵检测以及时掌握最新情况。监测取样、检测分析、模拟预测……这一过程不断循环直到确定支流、库区水质没有问题，有时半夜还要向领导汇报、讨论方案，每个人都竭尽全力，共同做好一件事，其间团队成员都付出了许多汗水，她也体会到了团队合作的凝聚力和成就感，"从领导到同事，大家的工作一环套一环，齐心协力，这让我非常感动"。

与水利事业一同成长

从18岁开始，罗慧萍的人生开始和水利事业结缘。作为一名地地道道的水利人，她的日常生活也逐渐变得和工作息息相关。本硕6年的环境专业学习让她已经把"保护环境"的意识转变成了一种行为习惯，在改变自己的同时，也影响着家人和朋友。正是出于对美丽自然的向往，她和朋友们聊天时也离不开环境保护的话题，在生活中也会带动家人节水爱水，用行动践行一名水利人的澄澈初心。

"工作和学校环境不一样，更多地需要自己判断和决策"，她说。参加工作以后，她不仅在专业技术方面有了进步，在心态上也变得更自信。科研单位里有很多同事学历都是博士，这让她有过一个阶段的迷茫，担忧自己因为能力不足没有发展空间。经过几年岁月的沉淀，她慢慢抛弃了稚嫩的想法，在团队中找到了自己的定位，认清自身的工作意义和价值所在，"只要发挥了自己的力量就很优秀"。现在的她，从容又自信，成了自己最强大的依靠，在南水北调水质检测这条路上昂首前行。

在见证着自己变化的同时，她也见证了国家水利事业的四个新发展。第一个发展，是发展重点的转变。从 21 世纪初期的大兴水利工程，转变为以"工程高效运行和环境保护方面"为重点开展建设，这代表着中国水利事业已经步入运行维护的新阶段。第二个发展，是建设观念的转变。以前的工程建设更多地秉持着一种"越多越好"的观点，想要尽可能多地开发利用水资源，但忽视了工程导致的负面影响；现在的从业者则用更客观的态度看待工程建设，"保护自然环境"成了工程建设的前提。第三个发展，是环境保护有了法制上的规范。水治理和环境分不开，近年来的"长江大保护"政策与《中华人民共和国长江保护法》的出台，彰显了政策和法律层面对于生态治理的关注。最后一个发展，是水利工程对国家经济的支持作用。从中华人民共和国成立初期兴水利治水患，到保障人民用水，再到发电、防洪、航运创造多种综合效益，到现在水利工程等基础设施的建设带动经济发展，"不管在国家发展的哪个阶段，我们都承担着应有的责任"，她坚定地说。

良师引路，益友为伴

谈及为何选择环境工程专业，罗慧萍坦言是出于国情与个人志向两方面的考量。感受到国家对环境建设的重视，她由此预见了环境专业良好的发展前景。此外，随着国家经济发展，环境保护变得越来越重要，从事相关职业将是对社会有意义的事情。但是心怀热血的她刚进学校的时候，只知道对于环境应该保护，"但是怎么保护心里却没有概念"，她笑着回忆道。后来经过系统的学习，她了解到这个大学科下还分很多专业，每个专业还分很多方向，

"环境保护"专业是一个很庞大的知识体系,即使想把一个小方向做好,都需要长期的钻研和努力。

提起印象最深刻的老师,她回忆起了自己的导师。罗慧萍在校时,导师招收了7名硕士,每个学生都由他亲自指导。导师曾经带她参与过一项需生态环境部评审的项目,评估长江崩岸治理的环境影响,这是她第一次接触情况如此复杂的项目,项目涉及很多保护区施工的问题,需要详细论证和审批才能实施。当时,导师带着她去省里、部里沟通,耐心鼓励她大胆地说出自己的想法,勇敢表达意见。导师还教会她,做工作不仅要把材料写好,更要会思考,站在实际的角度化解客观矛盾。除专业知识之外,她的待人接物和沟通处理能力也在一次次学习中得到提高,导师所教授的为人处世道理,也让她受益匪浅。于她而言,导师在学术上是一位良师,在生活中也是一名益友,在这样劳逸结合的生活中,她成长为一名乐观坚韧、踏实专业的水之子。

当时罗慧萍所在的宿舍全员被保研,本科期间的深厚友谊让她们选择在研究生期间继续做室友。忆起当年共度的时光,她嘴角总是不自觉上扬,和室友一起掼蛋、跳广场舞、看电影,都成为青春时期最宝贵的记忆。

毕业后,当再次回到母校河海,看到江宁校区崭新的教学楼、本部温馨的食堂、翻新的河海馆,她更加为母校的发展感到欣喜。当然令她自豪的,除了校园建设,还有河海在业界的口碑与认可度。身为一名河海人,她不负母校的期望,无悔自己的选择!

心之所向,无问西东。罗慧萍在工作中见证了自己的成长,也在奉献中守护着南水北调这一"国之重器"的安全运行,清澈的江水是她献给人民最好的赞礼。在南水北调中线工程中,有无数河海校友拼搏在工作一线,倾尽所学,竭尽所能,为国家水利事业不懈奋斗。大哉河海奔前程,愿更多的河海人坚定初心,踏浪前行!

(作　者:冷明慧)

心怀山河　披荆斩棘

——记水文地质与工程地质专业1991届本科生校友周云

个人简介

周云，正高级工程师，现任长江三峡勘测研究院有限公司副总经理。水利部"5151人才工程"第三、四层次人选。长期从事水利水电工程勘察研究工作，先后参与了清江隔河岩水利枢纽、水布垭水利枢纽、金沙江乌东德等水电站勘察研究工作，主持了三峡库区猴子石滑坡、黄土坡滑坡、藕塘滑坡等重大地质灾害防治项目，还有滇中引水工程、向家坝灌区一期工程、丽江南瓜坪水库、雄安调蓄库等（特）大型水利项目的勘察设计全过程。先后参与国家973科技攻关课题"强震区重大岩石地下工程地震灾变与抗震设计理论研究"，主持国家重点研发计划"长距离调水工程建设与安全运行集成研究及应用"项目"大埋深隧洞岩体水文地质结构及相关测试技术""活动断裂工程活动性分带及其活动模式研究"两个专题的研究工作，主持云南省科技厅"西南复杂地质条件下特大型引调水工程安全建设与高效运行关键技术研究（第一期）"中"深大活断裂应力场特征及其对长距离引水工程的影响""复杂地质条件下长大隧洞突涌水（泥）灾害机理与防治关键技术研究"两个课题的研究工作。发表论文20余篇，出版专著2部，参编行业指南、规程规范4部。曾获全国优秀工程咨询一等奖1项，省部级勘察设计和长江委科技奖一、二等奖各1项。

无论是习近平总书记作出重要指示的乌东德水电站，还是世界最大的水利工程三峡工程，或者是大型水利工程清江隔河岩水电站、中国最高的混凝土面板堆石坝水布垭水利枢纽、金沙江水电基地的最后一级水电站向家坝，周云率

领的长江三峡勘测研究院团队在其中都发挥了重要作用。除了水电工程,在中国西南地区规模最大、投资最多的水资源配置工程滇中引水工程、南水北调后续工程唯一开建的引江补汉工程等重大引调水工程中,周云同样长袖善舞、刚健有为,用挺立、激昂、勇毅、坚定的姿态,为国之重器建设、为国家江河战略实施增添了一份力、增色了一点光。

我们的任务是攻坚克难

2022年7月7日,南水北调中线引江补汉工程在湖北十堰丹江口市正式开工建设,作为唯一在建的南水北调中线后续工程,这项工程由长江水利委员会负责项目规划设计,将从长江三峡水库库区取水,连接起三峡工程与南水北调工程两大"国之重器",进一步打通长江向北方输水的通道。而在这之前,周云所负责的滇中引水工程作为引江补汉的实验性工程,已经开工四年。

"滇中引水是引江补汉工程的'第一台阶'",他这样形容。"第一台阶"的工作是攻坚克难,前期准备加上施工建设的6年来,周云与团队成员一起奋战在一线,为这项工程的顺利实施付出了巨大的精力,在他们的努力下,许多工程难题如高地应力背景下的岩爆与软岩大变形问题、高压外水引发的涌水突泥风险应对、区域活动断裂的工程活动性鉴定与水工结构适应性研究等深埋长隧洞的重难点问题研究都取得了重大突破。项目团队通过该工程系统开展专题研究,总结了许多经验与教训,为引江补汉工程的前期勘察设计与研究工作提供了有益参考,也为其顺利开工提供了技术支撑,在引江补汉工程开工后,他也加入了技术委员会,负责攻克地质方面的难题。

谈起引江补汉工程面对的困难,周云认为首要是水害。工程管道的最大埋深只有1200米左右,对于跨流域调水工程来说不算很深,然而受地形条件限制,引江补汉工程全程采用隧洞输水,且194.8千米只有一条隧洞,中间没有露头。一旦隧洞发生重大透水,施工人员和设备都会被困在几百米深的地下,这将是无法估量的工程安全事故。第二个难题在于软弱围岩的大变形问题。根据滇中引水的经验,引江补汉的深埋隧洞采用多台TBM(隧洞掘进机)施工,在这项工程中投入了9台直径12米的大口径TBM,这在国际上都是绝无仅有的。然而口径越大就意味着围岩稳定条件越差,当隧洞穿越低强度的软岩时,在高地应力环境下,如果软岩的抗剪强度不足以支撑围岩的稳定,就会发生较大尺寸的变形,使TBM的机头抱死。而一旦发生此类事故,往往就需要较长

的时间来脱困，这将大大浪费施工时间。而高强度的围岩虽然不会发生大变形，但其应力释放会引发第三个难题——深埋隧洞的岩爆问题，他介绍，在引汉济渭工程中就出现了非常强烈的岩爆，"岩爆就像地震一样，从顶板蹦出来一大块的石头，砸到人或者机器就不得了了"，他这样形容。最后是引江补汉工程特有的工程难题——这条百公里以上的输水隧洞穿越了 10 多条断裂带，在工程使用的未来 100 年里，由于大地构造运动，活动断层带极有可能对隧洞造成剪切破坏，为保证工程建成后能惠及百年，如何在断裂活动影响下保持工程的长期安全稳定，也是他们必须克服的难题。

在工程上，任何一个微小的偏差都会带来难以估量的后果，对于周云来说，他们必须做到的就是"提前准备"：遇到高强度的岩石，采用灌水预裂的手段让能量提前缓慢释放，避免集中释放引起岩爆；遇到断层带，他们采用取芯定向钻技术提前研究其性状与地质活动性，从而预估未来可能发生的破坏情形，提前安排措施……"有万全的准备才能开工建设"，这是周云身为工程师对自己的要求，也是他在每一个工程项目上责任感的体现。正因为严格要求，从业 30 多年，他啃下一个又一个"硬骨头"，做到了每一个经手的项目都做到优质高效完工。

"将问号拉成感叹号"

从1991年毕业后工作至今,周云始终认为自己是一个很幸运的人。刚毕业时他就赶上了参与清江隔岩河水利枢纽、水布垭水电站这样的大工程,积累了一定的经验后,又到三峡工程水库区从事地质灾害防治方面的工作。从1999年至2009年,在从事三峡水库地质灾害防治工作的10年时间里,他先后主持奉节县猴子石滑坡、丝绸厂滑坡、老房子滑坡、藕塘滑坡等10余处大(巨)型滑坡的防治,以及巴东县黄土坡滑坡的整体避险搬迁工作,为两县的地质安全做出了突出贡献。

令他印象最深刻的还是位于金沙江的乌东德水电站工程,他将参与乌东德工程称为自己的机遇,因为这是他第一个从规划就开始参与的项目,也是他第一次接触到滇中地区的项目。滇中地形以山地和山间盆地为主,伴随有突然隆起的断块山、光怪陆离的岩溶景观等奇特的地貌,这让学地质的他产生了无限的好奇,想不断探究这片神秘的土地。

在他看来,"好奇心"是学习地质必备的品质。为什么山脉会突然出现?为什么从南向北流的河流会突然掉头?地表热泉会对工程有什么影响……工作的特殊性让他的足迹遍布祖国的山川湖泊,周云一直乐在其中。"我们这个专业就是不断地回答问题、解决问题,"他这样形容,"最终要把问号拉成感叹号。"因为好奇,所以想探索,从而收获乐趣,这是他一直坚守在水利行业的原因,并逐渐将其转变为生活的一部分。

与此同时,亲历过大江南北的瑰丽山河之后,他在施工过程中对环境问题也更加重视。他回忆,在神农架施工时,经过实地考量后,为了不破坏脆弱的环境,他们选择用人工铺缆索的方式将施工设备运往山顶。他认为,南水北调工程毫无疑问是一项千秋伟业,其西线工程也是很有必要的,"但西线工程不能做得太大,因为西线的环境是脆弱的,一旦造成破坏那就是不可逆的",对于该工程,他有自己的观点,"保护生态环境才是第一要务",他这样说道。

与河海师生的情谊绵长

"我不是一个会娱乐的学生",周云这样形容自己在河海时的校园生活,在他的回忆里,自己不常在校外玩,大多数时间都在学校里学习,这可能也让他练就了过硬的专业能力。在学习之余,他喜欢在学校里打球,对于运动的热爱可以追溯到高中时在田径队的经历,也正是因为长期坚持运动,拥有良好的身体素质,在工作后他很快适应了"上山下乡"的工作环境。"在前几年参加野外考察的时候,队里的年轻人爬山都没我快",他不无自豪地说。

河海带给他的不仅仅是知识,还有绵长的师生情谊。因为水文地质专业的校企合作项目,毕业后几十年里,他与本科时期的老师和同门师兄弟们一直保持着长期合作。"河海的老师在水文地质模拟方面很有建树,我们在三峡库区的滑坡治理和滇中引水工程上都有合作",他解释道。在通信不发达的年代,他们经常一起到现场进行勘测与调研,结下了深厚的情谊,近几年网络技术发达了,他们就经常线上交流,"我们昨天都还在一起开视频会议",他笑着与我们分享。

周云也期待着有更多的年轻人进入水利行业,在他看来,年轻化是这个行业所必需的。然而,长期作为项目负责人,他也看到现在刚毕业的学生难免会有惰性。对于这个问题,他有自己的解决"秘诀"——在团队中,他一直采用"传帮带"的方法,"在项目中我们都在前面冲,有了榜样,年轻人也会主动学习、主动做事",他分享道。在他的带领和培养下,如今他的团队分工明确、各司其职,一批能独当一面的年轻人逐渐成长起来。

忙忙碌碌奔南北,走遍山河绘锦绣,在三峡工程、南水北调工程、乌东德水电站、滇中引水工程这些让我们引以为傲的大国重器背后,有无数像周云这样的建设者们践行着"忠诚、干净、担当,科学、求实、创新"的水利精神。从业30多年,他始终保持着工作的热忱与期待,并将在属于他的征程上继续披荆斩棘,创造新的辉煌。

(作　者:任瑞杰)

一腔热血献水利

——记水利水电工程建筑专业 1990 届本科生校友周灿华

个人简介

周灿华，1990 年毕业于河海大学水利水电工程建筑专业，同年被分配至江苏省江都水利工程管理处从事江都水利枢纽工程运行管理工作。2013 年获得研究员级高级工程师资格，2015 年任省江都水利工程管理处副主任。多年来主要从事江都水利枢纽工程技术管理、加固改造、运行调度、科技创新、水文化建设等业务工作。

"镇守江淮水网，掌控南水北送"，在这个举世瞩目的工程中，周灿华兢兢业业 30 余年，从一名普通的技术人员成长为技术专家，从一名一线建设者逐渐成长为单位管理者，他深感自己肩负的重任。30 多年来，寒来暑往，日夜兼程，他和团队成员一起，勤于学习、乐于奉献、勇于创新，珍惜每一次学习锻炼的机会，珍惜每一个成长进步的机会，珍惜每一项共同奋斗的荣耀，为江都水利枢纽工程的安全运行、效益发挥和示范引领献出了自己的岁月年华。

秉持初心的坚守者

时光荏苒，江都水利枢纽这一江淮明珠从江都的明月夜缓缓升起，成为福泽一方百姓的大工程。江都水利枢纽工程就像一个神奇的"调节阀"，沟通了长江和淮河两大水系，使江淮互调互济；它又像一颗璀璨的明珠，闪烁在苏北大地；它更像一座丰碑，镌刻着一代代水利人科学治水的智慧和艰辛！

1990年周灿华被分配至江都管理处工作,虽然没有赶上江都水利枢纽工程建设期,但在后来遇到了加固改造高峰期。"我有幸参加了大部分水闸、泵站工程的除险加固和更新改造。"他先后主持或参与南水北调东线江都站改造(涉及2座大型泵站、1座110 kV变电所、1座大型水闸和1条骨干河道等)、淮河入江水道整治万福闸加固、南水北调江都水利枢纽沿运闸洞漏水处理、江都东闸除险加固、太平闸及金湾闸加固、太平闸底板裂缝加固、堤防达标加固等多项国家级、省级重点工程建设管理工作。南水北调东线源头的这一座座工程上,留下了周灿华为水利奋斗的身影,这些工程也见证了他30余年坚守初心的风霜历程。

　　"淮河大约70%以上的洪水都是通过我们管理的万福闸、太平闸、金湾闸等工程泄入长江的,1991年淮河流域发生特大洪水,我当时到万福闸管理所工作不久,领导安排我参加防汛工作,我感到责任重大。"回忆起当初参加抗洪的日子,周灿华清楚地记得,当初为了保证洪水能尽可能快速下泄,保持工程不间断运行24小时,他住在管理所,和同事一起每天坚守岗位,很多时候连饭都顾不上吃。万福闸有65孔,走一个来回就是1千米,以前又都是露天设备,周灿华经常和同事一起在晚上打着手电筒、打着伞去开闸。星星点点照耀在江水上,寂静的夜里偶尔传来几阵蛙鸣,虽辛苦但也体验到了别人感受不到的别样夜晚。正是这样的坚守,保证了工程的安全运行,让洪水汇入长江滚滚东流。回忆起那段共同奋斗的日子,周灿华觉得那时候的他们作为年轻人,苦一点累一点不算什么,反而是锻炼的好机会。20世纪90年代的大学生在旁人看来都是天之骄子,但周灿华到基层后,就和工人们一起干苦活累活,丝毫没有怨言,在艰苦的环境中磨炼心性,这些经历也让他对工程建设的方方面面有了最深入的了解。"我们那时候浇混凝土都是靠人工拌,然后大家接力一桶一桶往下递的。"在一座水闸水下部位检修的工地上,技术人员只有周灿华一人,为了保证质量和工期,他总会跟大家一起干,有时甚至要连续工作二十几个小时,可是没有人叫苦叫累,大家的精神状态都很饱满。"我们的兴趣和事业是相通的",也是因为有着对这份工作的热爱,多年后回想过去的场景,那些夜以继日开工奋斗的时光才会使周灿华记忆犹新。

　　倾注30余年心血于此,周灿华对江都水利枢纽工程、对管理团队的感情已然深刻,秉持的水利初心也化作这里的砖瓦草木,诠释经年的热爱。

创新管理的探索者

"摩云巨闸雄东亚,倒海清波下冀州",江都水利枢纽工程这座雄伟的工程在新时期也散发着新的活力。水利事业发展到新阶段,不仅仅要关注工程的经济效益,更多地还要考虑工程的社会衍生效益,比如工程文化、工程管理等方面的创新融入。江都水利枢纽作为一项具有半个多世纪建设与管理历史的工程,其丰富的工程建设与管理经验也是工程效益的重要组成部分。

"2018年,我们单位自建了主要展示江都水利枢纽规划建设、科学管理与创新发展历程的展览馆,2020年习近平总书记视察江都水利枢纽时,还专门视察了展览馆。"对此,周灿华倍感自豪。作为管理处分管水文化建设的领导,周灿华先后主持了水利风景区完善、水文化建设、水情教育基地创建等工作,依托系统的水利工程,将水环境、水生态、水科普、水文化多元融合,主持建设了江都水利枢纽展览馆、水情教育基地,彰显了"源头"工程的文化气息和独特魅力,江都水利枢纽也荣获了"江苏最美水地标——水工程""全国水情教育基地"等称号。周灿华主持展览馆的建设前后花了近两年的时间,每一块展板都是经过他的仔细推敲,组织设计团队精雕细琢完成的。如今,展览馆成了每一位江都水利枢纽的参观者必去的地方,这一方小小的天地,凝聚了周灿华和他的团队无数个日日夜夜的心血,也收获了最美好的赞歌。

除文化建设外,周灿华在工程管理上也颇有经验。在江都水利枢纽工程的创新管理和现代化建设中,周灿华主持编写了《江苏省江都水利枢纽管理现代化规划(2011—2020)》,这是全省第一个获省水利厅批复实施的水利工程管理专项现代化规划,为全省水利工程管理单位编制现代化规划起到了示范作用。他积极参与水利工程精细化管理的先行探索,参与课题研究、编写出版精细化管理丛书,负责起草全省水利工程精细化管理指导意见、评价办法及标准,如今水利工程精细化管理已在全省全面推行,得到了全国水利同行的好评。同时,他主持构建了江都水利枢纽管理信息化平台,为管理处提高工程管理水平和推进现代化建设贡献了智慧。结合工程管理与建设的实际需求,他带领团队开展科技创新,完成多项水利科技项目,先后获得中国水利工程优质(大禹)奖1项、江苏省水利科技优秀成果奖6项、国家发明专利与实用新型专利8项,参与起草4部水利行业标准,主持编写出版著作9部,他也入选江苏省第四期"333高层次人才培养工程"第三层次培养对象。从工程建设者到管理者,周灿华在探索中不断前行,带着水利人的使命感和责任感,助力这一颗江淮明珠在新的时代熠熠生辉。

无私奉献的乐水者

多年投身江都水利枢纽工程建设与管理,周灿华把大半辈子都奉献给了这里,不记得有多少个节假日奔赴工程现场、抗洪一线,也不记得有多少个夜晚在办公室工作到深夜,周灿华笑着说:"其实这么多年我已经养成习惯了,心里早已没有节假日的概念,只要工作需要我就第一时间出现。"

毕业工作仅3年多时间,周灿华就走上了基层管理所领导岗位。那个时候的周灿华还只是一个二十来岁的小伙子,面对上级领导让他放手去做的信任与嘱托,周灿华唯有不断学习和探索。在一次次主动发现问题和解决问题的过程中,他逐渐习惯了忙碌,以至于后来休假的日子里,他都想着工作中还有哪些没完成的、哪些需要再进一步完善。"我夫人说我在家里待不住,"说到这儿,周灿华有点不好意思地摊摊手,"我夫人给了我很大的支持,对家里的照顾也更多,很感谢她。"

在南水北调东线一期江都站改造工程期间,周灿华作为技术负责人,一直非常重视相关泵站、水闸及河道等工程的设计方案、施工安排、调度运行等重要问题,深度参与相关方案的制订,事无巨细全程跟进实施。曾经他为了解决江都三站出水流道底板空洞探查与改造难题,还专门联系母校的土木与交通学院,采用先进的地质勘测雷达,精准查明工程情况,发现存在的问题,有针对性地采取灌浆加固措施,取得了理想的效果。对待工作,绝对不能有任何"大概""也许"的出现,周灿华正是带着这样的责任心,负责的一项项工程都取得了很好的成绩。

"作为河海人,做事要积极主动、认真负责,勇于接受挑战,力求尽善尽美。"带着河海人的责任与态度,周灿华一直很重视业务能力的提升。基于大学学习打下的良好理论基础,紧密结合工作实际需求,紧跟时代对水利发展的要求,他不断学习业务知识、前沿技术、管理科学,并经常实践、注重创新,推动江都水利枢纽建设与管理水平走在全国同行的前列。尽管最初来到江都水利枢纽时,这里的工作环境、生活条件和薪资待遇都不太理想,但他无怨无悔,扎下根、沉下心,30余年马不停蹄,周灿华投身水利、无私奉献,青丝染成白发的过程也见证了江都水利枢纽工程管理处焕然一新,成为淮左名都一捧亮眼的清泉。

"我们管理的是事关国计民生的大型水利工程,每一项任务都是大事情,"周灿华的女儿也是河海人,学习土木工程专业,他经常跟女儿讲述投身工程建设与管理的感悟,"多年后你回头看看,某座桥、某条路,包括我们的水利工程,如果它们的建成与发挥作用是与你相关的,你为它们做了贡献,这是很有意义的事情,你会很有成就感。"

作为河海人,周灿华用30余年的不懈努力,为这颗江淮明珠取得的巨大成就贡献了自己的力量。一路风雨兼程,一路披荆斩棘,周灿华见证了江都水利枢纽被打造成为水利行业的样板工程,自己也成长为管理团队的中坚力量。2020年11月13日,习近平总书记对江都水利枢纽的视察,也是对他的极大鼓舞。未来的日子,周灿华也将继续坚守初心,怀着满腔热血,为江都水利枢纽、为南水北调事业奉献竭诚尽智的力量!

(作　者:汪　超)

与水结缘,在管理岗上散发光芒
——记水利水电工程专业 2016 届本科生校友钟萍

个人简介

钟萍,1994 年 9 月生于北京市,2016 年本科毕业于河海大学水利水电工程专业。在校期间,她积极投身于学生组织工作与各类活动中,曾任校学生会主席助理、院学生会传媒中心主任等职务,获得"河海大学优秀毕业生"称号。本科毕业后就职于中国南水北调集团东线有限公司,主要从事综合管理方面的工作,目前正在参与公司基本制度建设管理以及服务保障类项目管理等后勤管理工作。

永远是水利人

走进位于北京市丰台区的中国南水北调集团东线有限公司(以下简称东线公司),干净明亮的环境让人感到舒适又充满活力。东线公司井然有序地运转着,支撑着工程一线的水利人不断攻坚克难、突破创新,而这少不了无数像钟萍一样默默把青春和热血奉献给集团行政管理工作的水利人。

2016 年从河海大学水利水电工程专业毕业,钟萍怀着对"大国工程"的无限期待,如愿进入了南水北调集团。但是,她没有能走到工程一线,没有能在烈日和风雨下直面江河湖海,而是从事了东线公司内的行政管理工作。谈及此,钟萍说自己当初是有些遗憾的,作为河海的水利学子,没有能把 4 年积累的专业知识投入到工程实际建设中去。不过,钟萍也是庆幸的,能够进入南水北调集团,亲身经历这样"利在千秋"的大国工程,便没有辜负自己当初"学水利,去河海"的执着,亦没有抛却水利学子的梦想。遗憾和庆幸,都是因为看重"水利人"的身份。在钟萍的心里,跨进河海的校门是一瞬间的事,但是做一名水利人却是从那一瞬间开始的一辈子的事。

在东线公司工作的时间久了,钟萍最初的遗憾也渐渐消失。在撰写文书报告或者做制度管理工作的时候,钟萍有机会站在东线公司全局视角统筹考虑,这是行政岗位的优势,亦是钟萍在这个岗位上兢兢业业 8 年的理由。这 8 年里,钟萍还常常会在工作中寻找到河海的印记。她说,母校和老师教会她"勇于探索"这 4 个字的意义,工作后她不敢忘却,仍然带着这 4 个字不断学习和探索,因为"河海的水利人不会懈怠"。钟萍有读书看报的习惯,《中国水利报》《人民日报》是她常常阅读的报纸。最近,她在读吴晓波的《激荡三十年》。从这本书中深入研读中国企业改革开放至 2018 年的发展历程,钟萍惊喜地发现历史中蕴含着很多解决现实问题的启示。

在南水北调这样一项世纪工程里从事行政工作,钟萍深感自己个人的力量微小。但是她知道,认识到自己的局限是做好一名水利人的开端,唯有在此基础上不断学习和进步,坚守在岗位上,发挥自己的所长才是"水利人"3 个字的应有之义。谈及自己考过经济师职称,钟萍笑着说,"是老师底子打得好",眼睛里流露初对大学时光的无限怀念。正是千千万万像钟萍一样的水利人不断前进、前进,才最终汇聚成家国的河清海晏。

用水利的眼光做行政

在东线公司工作已经快 8 年,从最初的行政管理、文秘综合到现在的制度建设、基础工作管理以及部分后勤管理的相关工作,钟萍一直在行政岗位上,但更为重要的是,"我从事的是南水北调的行政工作"。钟萍每天都会学习南水北调工程以及工程背后的精神和品质,这个精神与品质"和水利人的内核一样,是利国利民的情怀"。在钟萍的心里,南水北调的行政工作无法和"水利"二字割裂开来,否则只能是空中楼阁。

在水利行业学习和工作得愈久,钟萍愈发意识到,中国的水利工程正在从建设期逐渐过渡至管理期,工程运行和管理的重要性日益凸显。在东线工程的运管单位,钟萍目前的主要工作是参与公司基本制度建设与管理、基础工作梳理以及服务保障类项目管理等部分后勤管理工作。这些工作看似与学校教授的专业知识没有联系，但是实际上却渗透着方方面面的水利专业知识。公司的各个业务模块、各个部门，都需要根据各自的职能建立完善的规章制度，由此构成完整的管理制度体系。这个体系像一张网笼罩住整个东线工程，而编织这张网离不开对工程的整体学习和把握，需要有一定的水利知识作为支撑基础。钟萍每每参与工程运行维护、工程建设质量安全等方面的制度建设，都会首先描摹出工程建设和运行的全貌，站在水利人的角度用专业眼光来思考工程的管理到底需要什么样的制度和服务保障，最后再统筹考量制度的可行性。她说，这样的制度建设和服务保障才是贴切的、合适的，是与南水北调相配的，才能够让在工程一线冲锋陷阵的水利人免去后顾之忧，一往无前。

用水利的眼光做行政，对钟萍而言，亦是用水利人的精神和品质做行政。严恺老校长的16字校训"艰苦朴素、实事求是、严格要求、勇于探索"蕴含着无数水利人的奋斗底色，亦是钟萍工作8年以来对自己的勉励。她与同事能够将十九大报告、二十大报告中勾画的奋斗蓝图、任务要求逐字逐句地分解学习、共同研究探讨，将抽象的理论学习一点一点落实为切实可行的工作任务，再监督执行、建立台账，提升工程运行和管理质量。支撑他们不懈奋斗的，是水利人的专业眼光，亦是水利人朴实勤勉的精神特质和"促进水利行业高质量发展"的美好愿景。

"我是河海的水利学子"

家住在怀柔水库旁边，钟萍从小心里就埋着一颗水利的种子。父亲是一名水利人，常常带着钟萍走在堤坝上，讲述一个个水利工程和水利建设者的动人故事。父亲骄傲自豪的语气和神采飞扬的模样印刻在钟萍的记忆里，随着时间的流逝没有淡化，反而愈发生动鲜明。"继父辈之业，兴水利之邦"成了钟萍一生追求的理想，也是她来到河海的理由。父亲知道钟萍选择河海大学的水利水电专业后，连连点头，高兴地说"很好、很好"。

钟萍在河海的4年时光，充实而饱满。在专业领域颇有建树的老师们深入浅出，将艰深晦涩的知识用最易于理解的方式传授给学生们。更重要的是，老师讲述水利故事时深情和自豪的样子，常常与父亲的面庞重叠起来。钟萍透过洒进教室的阳光，仿佛能看见一代又一代水利人不懈奋斗的身影。后来，钟萍也真的如愿前往工程一线亲眼见证水利人奋斗的场景。她到现在还能够清楚地记得,那是大四的时候,水利水电专业一共208个人一起去大藤峡参观、实习。虽然坐了30多个小时的绿皮火车,但因为有老师和同学们的陪伴,一路上感到新奇而有趣。第一次亲眼看到在建的水利工程,看到水利人在工程现场辛苦工作,那些动人的水利故事仿佛又在耳畔回响。那一刻,"我是河海的水利学子"的身份认同,在钟萍的心里无比清晰而坚定。

学习专业知识之余,钟萍还在学生组织里大展拳脚。在校学生会工作期满之后,钟萍来到院学生会,负责组建水利水电学院第一届传媒中心并担任中心主任。钟萍与伙伴们从零开始,自学稿件撰写、视频剪辑、公众号运营等相关的知识,在一点一点的摸索中搭建起传媒中心的框架。在这段岁月里,她遇见了很多人和事,思考了很多,也学会了很多。第一次完整地负责一个全新部门的组建,钟萍真正认识到责任的艰巨。拥有多大的能力、承担多大的责任,就享受多大的荣耀,这对钟萍日后的学习、工作和生活意义深远。在与伙伴们一起工作的过程中,钟萍体悟到"真诚"二字的价值:只有真诚地传达自己的所思所想甚至是剖析自己的不足,自己的设想和蓝图才能被他人感知,才有机会落地成为现实。谈及这段"创业"般的青春岁月,钟萍满怀感念,"很辛苦,也很充实"。她说,或许就是从这里开始,自己逐渐开始全面而成熟地思考和认识问题。

钟萍对在河海的4年时光充满感激,她的青春和回忆都凝聚在这片校园里。对钟萍而言,是河海为她提供了一个寻找自我、丰富自我的平台,也是河海让她能够在不断的尝试中寻找到人生的方向。她永远是河海的学生,永远是一名水利人。

成就水利师生情

在河海大学2016届水利水电专业3班,钟萍遇到了班级导师张继勋老师。大学毕业时,导师寄予了她殷殷嘱托:"把生活过得像拱坝一样优美;像土石坝一样朴实;更要像重力坝一样厚重;不管什么坝,一定要坚不可摧。用爱创造美好生活。"导师言语间充满对学生的祝福和对水利事业的感情。每每想到导师,钟萍眉目间流露着无限的感念。师生情以及水利情都凝聚在老师这段短短的寄语里。

在东线公司工作8年,钟萍日益发现,南水北调的行政管理工作需要的远不只是管理人才,而是同时具备专业的水利知识和现代管理思维的复合型人才。钟萍感到很幸运,自己当初在河海学习水利水电专业,现在又在南水北调集团从事行政工作,她拥有把二者结合的良好基础,拥有为促进水利行业高质量发展做出更大贡献的潜力,拥有将自己的水利理想和家国情怀付诸实践的能力。用水利的眼光做行政,用管理的思维看水利,这是钟萍日后不断学习和前进的方向。

亲人、青春、朋友、老师、事业……对于钟萍而言,人生太多重要的元素都凝结在河海大学,聚集在水利行业。即便没有奔走在南水北调工程一线,但她情系着河海,心系着水利,便永远是水利人。在钟萍的心里,烈日和风雨下的水利人是工程一线的战士,而自己和南水北调里其他从事行政工作的水利人要做的,就是让工程一线的水利人无所顾忌地奋勇向前。"要坚守好一线水利人的大后方",正是这样的认知不断激励着钟萍在水利行业和管理领域不断学习、不断前进。向同钟萍一样为水利事业奋斗和奉献的行政人员致敬!

(作　者:陆欣茹)

清水碧波"文"章著　须凭"刚"志韧且坚
——记水利工程专业 1996 届本科生校友段文刚

个人简介

段文刚,1996年毕业于河海大学水工专业,同年到长江科学院工作至今。现任长江科学院水力学所总工程师,教授级高级工程师,湖北省新世纪高层次人才工程第三层次人选。主要从事水工水力学、防灾减灾水力学等领域的研究工作。负责国家自然科学基金面上项目1项、国家重点研发计划和国家科技支撑计划专题2项、中央级公益性科研院所基本科研业务费项目1项;获得湖北省科技进步一等奖1项、大禹水利科学技术奖二等奖2项,国家发明专利3项、实用新型专利4项;在国内外公开发表学术论文近50篇,出版专著1部,编写行业规程2部。

南水北调中线工程是一项庞大而复杂的工程,牵一发而动全身,需要多学科、多部门相互配合、相互协调。其中有这样一群人,他们为工程高效建设和安全运行奉献着自己的年华。潺潺水波中,流动的是他们守卫一方江河安澜的梦;滔滔江河里,诉说的是他们呵护千万黎民的心声。心无旁骛,一步一个脚印,他们打基础、定基调,胸襟如水阔,不负邦人期。

是创业人,也是守业人

1997年,是段文刚参加工作的第二年,年轻的他或许还不知道,从此自己将和南水北调中线工程共同走过 25 个年头,把青春时光奉献给这一"国之重器"的建设。

此后4年时间里,他全身心投入"南水北调中线渠道糙率调研和原型观测"工作,目的是获得大型人工渠道准确的糙率信息,为确定渠道规模提供科学支撑。为选择合适的原型工程,他前往多地调研考察调水工程,最终选择广东东深供水工程、四川武都引水工程、湖北漳河灌区三个最具代表性的工程进行原型观测。多年来,路途的奔波和身体的疲惫对这个年轻人来说算不上什么辛苦,真正的困难是保证糙率数据的准确获取。糙率观测需要保证流量和水位数据的准确性,"我对流量数据的获取忧心忡忡",他回忆道。他们采取的测试方法为"流速面积法",这种方法在当时乃至今天都是业界使用最多、最常见的测流方法,但严谨的段文刚觉得这样做精度依然比较低,如果能把误差尽可能地降低,那将为中线总干渠糙率取值的确定提供有力支撑。当时的技术有限,他只好在原有的基础上,采取"更麻烦"的方法——"我尽可能把垂线增多,把测点加密",再加上反复多次测量后取平均值,保证偏差不高于5%甚至尽可能没有偏差。在他看来,"这还不是最好的结果,还是有点小遗憾",对于自己的工作,段文刚总是精益求精,致力于寻找答案的最优解。最终,他的研究成果为总干渠糙率设计取值 0.015 提供了科学依据。

前 15 年,他是众多"创业者"中的一位,主要侧重于水工水力学领域,全力投入南水北调中线工程建设中;后来,他的研究拓展到灾害水力学方面,开始思考如何守护总干渠的安全运行,成为一名扎实的守业人。

中线总干渠输水应急调度这项工作,从 2006 年到 2020 年期间更换了三批

员工,但有一人从未离开,他就是段文刚。通俗地说,应急调度就是给总干渠"买保险",要提前制订好突发事件的应对方案,事故类型需要包含全面,严重程度需要分类规定,处理措施也要尽可能详细,这样才能保障方案具体可行。同时,总干渠没有在线调蓄水库,渠道调蓄能力也十分有限,可谓"牵一发而动全身",正常输水调度过程就已经非常复杂,若再发生突发事件,应急调度难度不言而喻。经过10余年科技攻关,段文刚提出了事故应急调度的"闸群联动互馈控制规则系体系",构建了"事故识别+调度方案+实时控制"的应急调度模型,分四大类、四大级进行应急调度方案制订,攻克了长距离无调蓄输水工程事故工况下大变幅、多目标协同快速响应控制的技术难题,大大提高了供水保障程度。2018年,相关部门依照本调度方案成功进行了模拟演练;2020年,该成果荣获大禹水利科学技术奖二等奖。

应急调度方案制订完毕,紧接着在2019年,他又发现总干渠在大流量运行情况下,某些渡槽存在异常波动现象。渡槽是输送水流跨越河渠、溪谷、洼地和道路的架空水槽,普遍用于灌溉输水,也用于排洪、排沙等。当水面有超出预期的大波动时,就会引起渡槽的震动和拉杆的破坏,"以前我们在教科书上也没有学过相关内容",他说。经过大尺度的水工模型实验研究,段文刚成功分析出了出现异常波动的原因,并具体制定了相关解决措施。"总干渠大流量水面波动减免与输水能力提升"不仅进一步保障了工程安全运行,也填补了教科书上的空白。

−22℃,心忧冰情愿天寒

提及让自己印象最深刻的工作,他说是"冬季输水的冰情预报和输水能力提升研究"。这项工作在南水北调中线总干渠上进行,观测重点集中在冬季冰情显著的石家庄以北200千米渠段,从2011年开始研究至今,他们已经坚持了12年。成果的背后,离不开他和团队十年如一日的辛勤付出。

出于两方面的考虑,他认为研究冰情生消规律有着重大意义。一方面,就输水能力本身而言,依照当时掌握的规律,河流一旦结成冰,应该降低渠道输水流速,使其形成平封冰盖而非立封冰盖,这样才能做到"有冰盖无冰害",但是当流速大幅降低,流量就只能达到设计流量的30%~50%,这样一来,在冰盖大面积消融前的这段时间内,将不能保障中线工程正常输水;另一方面,从灾害预防的角度来看,冰凌危害将破坏渠道建筑物,导致渠道边坡冻胀、渡槽渗漏等问题。他认为,"预防冰害和预防洪水有70%的相似性",如果能把握冰情生消规律,就可以预测冰情,有计划地防范,达到提前预测的目的,把不利影响降到最小。为了保障人民正常用水和渠道安全运行,他下定决心,坚决啃下这块硬骨头。

每年12月1日起到次年2月28日是通常意义上的冬季,但是冰情并不会按部就班地在预计时间内到来。对段文刚来说,遇到冰情提前或推迟的情况,就需要坚守更长的时间,"那不是考察,是像蹲点一样蹲三个月",他这样描述自己的状态。12个冬季里,有两个日子是他永远难忘的。第一个日子,是2016年1月23日。那天总干渠水位陡然上涨50～60厘米,已然构成险情,若处理不及时,渡槽就会漫溢,不仅会极大破坏周边自然环境和水工建筑,还会威胁人民生命财产安全。"天下有溺犹己溺",千钧一发之际,他密切监视冰情的变化情况,不分白天黑夜时刻紧盯数据增减,为相关同事的工作提供了极大帮助。在极寒天气下,他挽起袖子,钻开冰盖,将手连同胳膊伸进冰凉刺骨的渠水里抓取样本。"当时的数据我记得特别清楚,冰盖厚度已经达到25厘米,上面的冰堆有30～40厘米厚,下面还有70～230厘米厚的冰屑",他们获得的这组数据可以直观表明当时冰塞的严峻情况。第二个日子,是2021年1月7日。当时河北保定的气温已经低至零下22℃,这样寒冷的天气就连身为北方人的段文刚也很少见,这也意味着他们迎来了观测冰情的好机会。秉持着"越冷越要跑"的原则,他带领团队48个小时不眠不休,顶着暴风雪行走在总干渠沿线,

认真观察并记录冰情,思考结冰对工程的影响。天气再冷也无法阻止他前进的脚步,"不吃苦,就没有观测成果",他坚定地说。"不就是天冷结冰,天气热了就化,冰情难道也是一个科学问题?"十几年前,段文刚总是听到别人谈起冰情研究,自己却不甚了解。时至今日,他结合数学模型预测预报、典型水工模型实验和现场观测成果,提出了冬季输水能力提升和冰害防治初步方案。正是在亲身体验过后,他懂得了这份工作对于保障南水北调输水安全的重大意义,为工程的安全、高效运行贡献了自己的一份力量。

92级校友,迎来水利事业的"黄金时代"

高考填报志愿的"巧合",让段文刚与河海来了一次美丽的邂逅。刚上大学的他,对于水工专业一无所知,对未来的职业方向也毫无想法。"本科阶段,我更多的是感受到了专业学习的氛围和环境",他这样描述自己的感受。现在或许不能详细回忆起课本的知识,但是老师们的谆谆教诲和水利人的科研"氛围"令他难忘。至今,老师们将枯燥的专业课和自己的人生体验结合起来讲给他们听的情景还让他历历在目。4年后,毕业时的他已然褪去入学时的青涩,也对水利工程和水利科学有了更深的认识。

1996年毕业后,段文刚便加入南水北调中线工程建设中,他直言"遇到了水利事业发展的黄金时代"。在曾经的一项研究中,他发现2005年至2020年装机容量折线图呈陡升趋势,十几座200米以上的特高坝都是那些年建设成的,国家水利事业的发展为个人提供了发展的良好机遇,并且,中国水利事业建设不仅成就着个人,更造福着千千万万的人民。旷阔天地,大有作为,他也决心乘着时代东风,闯出一份成绩,干出一番事业。曾经为攻克技术难题,他一周工作70个小时,付出高于常人的努力,呕心沥血,刻苦钻研,用行动践行"严格要求、勇于探索"的河海校训。

学习和工作之余,段文刚也喜欢运动和读书。上小学五年级的时候,他拥有了自己人生中第一个乒乓球拍,"我打了十几年乒乓球,但是一直没长进",他谦虚地说。对于读书,刚开始的时候他大多阅读一些专业书籍,爱好成了工作的延伸,为相关研究提供了更广泛的思路。后来,他开始阅读文史哲方面的图书,打开了作为一名工科生的新思路,也为他讲党课提供了生动的素材,"和理科生我就讲人文故事,和文科生我就讲理工知识",实践证明,这样的方法能够充分调动大家学习的积极性。阅读不仅沉淀和启迪着个人的心灵,也让他能够更好地引导后辈学生们打磨科研品质,锤炼科研意志,成长为一名德才兼备的优秀水利人。

从一名刚刚大学毕业的青葱少年,成长为长江科学院水力学所的总工程师,段文刚付出了25年的青春岁月。他观原型、测糙率,为总干渠糙率取值提供参考;定调度,防灾害,提前制订突发事件应急方案;稳渡槽,抗波动,提高工程输水能力;探冰情,排冰害,保障冬季北方用水……长江滚滚,碧波滔滔,时光沥去尘埃,积淀下来的是那份不变的初心。

(作　者:冷明慧　李佳颖)

不负韶华 "振"守水利
——记机械工程及自动化专业 2015 届本科生校友秦振

个人简介

秦振，中共党员，本科学历，中级工程师。2011—2015 年就读于河海大学机电工程学院机械工程及自动化专业，曾担任班级团支书职务。2015 年 8 月 1 日正式参加工作，在常州中车戚墅堰机车车辆工艺研究所有限公司担任技术员。2019 年 1 月至今，在南水北调东线江苏水源有限责任公司宿迁分公司担任业务副主办。

历史的回声

与其他同龄人从小爱听童话故事不一样，秦振最爱听的启蒙故事还是大禹治水和李冰治水这两则中国古代治水故事。那时，他就对这些治水英雄产生了敬仰之情，"治水"一词在他的幼小心灵的土壤里埋下了一颗种子，并深深扎根其中，让他从孩提时代就与水利事业产生了说不清、道不明的联系。或许也是在那个时期，他就已经与河海大学缘结于冥冥之中了。

而给秦振讲述这些治水故事的人——秦振的父亲，一名兢兢业业的水利人，也正如大禹和李冰一般，勤勤恳恳奉献在水利事业的第一战线上。父亲求真务实的工作态度，正是对秦振最好的言传身教。

心中的歌声

秦振从河海大学机械工程及其自动化专业毕业后，先是投入了中国标准化动车组关键零部件齿轮箱研发制造的项目中，这份工作给他带来了一种身为实现国家发展蓝图中重要一员的自豪感。经过几年工作的打磨，他也成长得更加沉稳和砥实。幼年时听到的水利故事情节时常在他的脑海里浮现，他也越来越渴望能够像鲧禹父子、李冰父子那般，与自己的父亲一起为水利事业贡献力量。2019年，他终于如愿成了一名水利人，投身于南水北调的一个基层岗位，成为这项百年大计的一枚小小齿轮。

在这个岗位上，通宵值班是再正常不过的工作，也是每个同事都义不容辞的职责。正是参与了这项工作以后，幼年时父亲那一双常湿的雨靴，才逐渐在他的脑海里清晰了起来；他也理解了为何每个下雨的傍晚，别的同学都能趴在父亲宽厚的肩膀上回家，自己只能撑着伞独自回去；也理解了为何以往在每个狂风骤雨的夜晚，父亲总会急急忙忙地冲出家门，只留母亲和年幼的他在家。

现在的他不仅理解了父亲，也与父亲有了同样的牵挂，因为现在他们有了同样的身份——水利人。

每到汛期，他总要被抽调到泗洪泵站参与防汛工作。汛期值班中，最重要的就是监测机器运转。虽然生活中秦振是一个爱好音乐的人，他喜欢用针式唱片机播放黑胶唱片，原汁原味的旋律是他闲暇时光的最大享受，但长期在防汛一线上，只能将机组的轰鸣声当作音乐了。轰隆的机器运行声听多了便觉枯燥无味，可是只要这种声音持续存在，就意味着机组运行正常，调水顺利。一旦声音戛然而止，就必须立刻到现场处置，防止机组损坏，造成无法估量的损失。在这个值班岗位上久了，机器的轰鸣声成了秦振心中最美妙的"歌声"，每个彻夜无眠的夜晚，这"歌声"始终陪伴着他，使他不致孤独。他的头脑中有一根弦，总能够与这"歌声"达到共振。曾有一次值班，外面刮起了狂风，屋里"歌声"骤停，他头脑里的弦同时也"叮"的一声断开了。他迅速反应，按照既定流程向上报告，经过层层审批后，机组在既定时间内顺利重启，"交响乐"再次奏响，他脑中的弦也再次共振起来。值班的经历中，波澜不惊的班次不少，他始终能够保持着高度的关注，一刻也不曾玩忽懈怠。

除了防汛值班，秦振在工管部也曾有过非常丰富的经历。在工管部，因为工程管理经验很少，刚开始秦振被安排负责调度运行和防汛工作。这也使得他不得不与一些防汛相关的报表打交道，同时又肩负起一些财务报账的工作。理科生的理性思维在财务工作前显得左支右绌。为了能够协调好工作内容，他买了一些财务相关的书籍，自学了财务的相关知识。在他的刻苦钻研下，公文的收、发也成了他熟稔掌握的一项技能。生活中秦振常用一种乐观的态度调侃困难，他说："工作内容虽然零碎，但是不妨把它们当作家庭过日子中的油盐酱醋，少了它们，工作将会失去很多滋味。"

天道酬勤，大量的技能积累会使一个人迅速成长。

对公司的业务逐渐熟悉后，他成了一颗更牢固的螺丝钉。

根据公司经营发展需要，他被指派参与了宿迁市黄河故道后续工程代建项目，在工程代建工作中担任安全科负责人，负责安全生产与文明工地创建等工作。因受2019年某些生产安全事故的影响，安全生产要求变得格外严格，秦振感受到了无比的压力与责任。工程开工后，在代建部领导的指导与帮助下，他稳中有进地做好安全生产各项工作。"稳"是对制度计划编制、监督申请、安全检查、危险源报备、宣传教育等安全生产工作按部就班地开展，认真履责；"进"

是在安全管理中有突破、有创新,组织开展"互查互学""安全生产大讲堂""安全生产知识竞赛"等形式多样的安全活动,提高一线管理人员和作业人员的安全意识,普及安全知识。此外,文明工地创建工作也是施工单位一条重要的履约考核指标,在文明工地创建方面,从开工建设之初,秦振与施工单位一起从工程原貌照片收集,到编写申报汇报材料和制作影像资料,做到全过程参与。2019年他和团队一起成功共完成2个标段的江苏省文明工地申报、3个标段的治淮文明工地申报、4个标段的市级文明工地申报工作。

秦振还参加了三个技术咨询类项目,即徐洪河生态评估项目、泗洪河道规划项目、黄河故道运行机制研究项目。徐洪河项目是他参加的第一个技术咨询类项目,当时的他也略感棘手,跑现场了解现状、通过各种渠道查阅资料、积极同业主沟通是他在徐洪河项目上工作的"三重奏",好在有领导、同事的关心与帮助,最终他克服了各种困难。星光不负赶路人,项目最终取得的硕果是喜人的。泗洪河道规划项目,也是因为有他的积极付出而顺利通过了审查。后来,基于工作任务的契机,他得以重返校园,向河海大学设计研究院的专业人员虚心学习,掌握了一些复杂软件(如 ArcGIS 等)的操作技能。

未来的呼声

大学期间的秦振曾产生过支教的想法,为此,他曾在2014年远赴四川大凉山地界游历。眼见的一幕幕用水困难实况让他触目惊心,孩子们对资源充满渴求的眼神让他无比震撼。可能这也解释了他后来毅然投身水利的原因。他有一个水利人共同的愿望,就是"让中国人人有水吃,吃得安全"。

秦振说,鲧禹父子、李冰父子治水的故事,他也会作为启蒙故事再讲给下一代听,宏伟的愿望或许一朝一夕无法实现,但愚公移山,总有感动上苍之日。秦振在水利事业上或许还会遇到无数的王屋与太行,但他愿意始终守着这份事业,做一个不断"搬山"的蚂蚁,这正是他对于青春、对于韶华最好的答卷。

(作　者:王炳铤)

情系江都水利枢纽　做好泵站的守护者
—— 记自动化专业 2012 届本科生校友徐丹

---------- 个人简介 ----------

徐丹,1990年生于江苏扬州,2012年毕业于河海大学能源与电气学院自动化专业,现任江苏省江都水利工程管理处水利工程生产运行工程师,主要从事泵站运行、检修、维护和技改等工作。她多次获得省江都管理处"优秀青年"、"优秀共产党员"及"先进工作者"荣誉称号,参与的课题项目获得两项省部级一等奖。

　　毛泽东主席曾说过:"南方水多,北方水少,如有可能,借点水来也是可以的。"如今我们通过南水北调工程实现了这个梦想。

　　南水北调工程是一项国家级水资源调配的世纪工程,是世界上规模最大的跨流域调水工程,工程通过东、中、西三条调水线路,沟通长江、黄河、淮河、海河四大水系,形成我国"四横三纵、东西互济、南北调配"的大水网格局。

　　南水北调工程以解决"南涝北旱"为目的,缓解和改善中国水资源空间上分布极不均衡的现状,总投资额5000亿元人民币,起点长江,终点为团城湖;输水方式包括管道和暗渠输水,团城湖段为明渠,给华北地区供水,4.38亿人受益,解决了华北地区缺水及地下"漏斗"问题。工程设计年总调水量448亿立方米,输水总长度约4350千米,其中东线1156千米,中线1432千米。

　　江都水利枢纽作为南水北调东线工程的源头,对南水北调起着至关重要的作用。"古有李冰都江堰,今有人民江都站",江都水利枢纽自开建以来,一代代建设者勇担使命、攻坚克难、甘于奉献,使一江清水逆流北上,让丰盈的江淮活水泽被广袤的北方大地。河海大学2008级校友徐丹就是江都水利枢纽中的一位泵站守护者。

青春是用来奋斗的

"青春是用来奋斗的",徐丹的大学生活可以用这句话来形容。清晨薄雾未散,阳光洒落河海,依稀还能听见林中鸟儿啼叫,声声婉转,徐丹早已出发赶往图书馆,开始一天充实的学习。

徐丹就读于能源与电气学院,带他们的辅导员十分严格,要求每一位同学认真学习专业知识,练就一身本领,未来投身社会,发光发热。在辅导员的影响下,全院的学习风气优良,同学们都自发地刻苦学习,勤奋耕耘。谈到往日的勤奋,她很庆幸自己的大学时光没有荒废,印象最深刻的一次是备考计算机三级考试时,徐丹自知自己的编程基础较为薄弱,得须付出比他人多倍的努力才能一举成功,于是连续两个月"驻扎"图书馆,看书刷题,啃难点钻重点,踏着晨曦来到图书馆,追着星光回到宿舍。经过不懈努力,徐丹的省计算机三级考试顺利通过,极大的开心与成就感滋养了这位勤奋的少女,也为她日后工作中的攻难克艰铺垫了勇气与信心。同样的激励还来自大一时教她的高数老师,那一次照常完成作业的她没有想到自己的作业会被老师在200多人的大课堂里高度赞扬,惊喜之余,更感要继续努力才不辜负这番期望。

大学4年匆匆而过,溜走的是时光,留下的是成长,徐丹用她的奋斗交出了一份令人满意的答卷——综合绩点4.5以上,连续3年获得学业优秀等奖学金……4年的积累夯实了徐丹性格中的坚毅执着,身为河海水之子,她也默默许下心愿,那就是永葆初心、践行校训精神——艰苦朴素、实事求是、严格要求、勇于探索,未来在工作岗位上贡献自己的力量。

青春者,人生之春,人生之王,人生之华也。每个人都曾拥有自己的青春,都曾用自己手中的笔去描绘它。然而,二者并不完全等效。庸者总会傲慢地认为青春是一个无底洞,智者则会谦卑地认为青春是上天借给我们的一架云梯,时间到了总要归还。徐丹是后者,她在青春的岁月里选择了砥砺前行、不负韶华,选择了细细耕耘、默默成长,岁月从不负深耕,大学毕业后的徐丹踌躇满志,决心要在工作岗位上发光发热,利用专业知识解决实际问题。

电气专业毕业的她工作上有两种选择,一是从事与电气相关的工作,二是从事与水利相关的工作。由于家中爷爷和父亲都在电力系统工作,想闯出一片新天地的徐丹并没有选择父辈熟悉的那条路,而是怀揣着奋斗前行的梦想选择了艰苦的水利行业,于是,2012 年,徐丹成了江都水利枢纽的一员。

做泵站的守望者

南水北调工程分为东线、中线和西线,计划到 2050 年调水总规模达到 448 亿立方米,其中东线 148 亿立方米,中线 130 亿立方米,西线 170 亿立方米。虽然南水北调工程中线和东线位于我国东中部地区,涉及华北平原、淮海平原、长江中下游平原等,而平均海拔都在 50 米以下,但是长江流域到华北平原中间并不是一马平川的,有山东丘陵、大别山等阻隔,地势由南向北逐渐增高,如何将低海拔的水输送到高海拔,这就要靠泵站了。

南水北调东线工程利用京杭大运河及与其平行的河道逐级提水北送,并连接起调蓄作用的高邮湖、洪泽湖、骆马湖、南四湖、东平湖,将其作为调蓄水库,经泵站逐级提水进入东平湖,从长江至东平湖设 13 个梯级抽水站,总扬程 65 米。后分两路输水:一路向北,在位山附近经隧洞穿过黄河;另一路向东,通过胶东地区输水干线经济南输水到烟台、威海等地,解决当地用水缺口问题。南水北调东线工程同时也创造了世界上规模最大的泵站群——东线泵站群工程。

泵站从外面看,这个其貌不扬的圆柱体显得很笨重,不为人知的是其内部结构复杂多样,这样的泵站江都水利枢纽有 4 个,作为南水北调东线的源头,泵站的作用至关重要,徐丹的工作就是守护泵站。

"一开始感觉非常神奇,这样的圆柱体竟然在水里工作",与泵站初见面的徐丹感到非常好奇,电气专业出身的她从未见过水利设施,这份好奇激起了她强烈的进取心,往后的日子里她开始细细打量慢慢摸索,从一开始的陌生好奇,到如今的事无巨细了如指掌,背后付出的是辛勤汗水。

她的工作是维护泵站机电设备,更换到达使用年限的设备,拆除零件,核对器件。泵站是以水泵机组为核心的,包括油箱、电动机、供油设备、供水设备和供气设备等多个设备和零配件。泵站设备复杂多样的内部结构要求技术人员的要有耐心与毅力,维护管理好泵站是一项精细的工作,对于刚工作的徐丹来说还有很多需要学习。

"刚开始工作时,我就遇到了很多困难,单位技术岗的前辈全部调走了,没有人可以请教,我就每天向工人师傅请教他们的实际经验,专业知识不对口,就自己下苦功翻书查资料,前两三年都是天天加班,没休息过。"徐丹回忆道。为了补充泵站相关的专业知识,徐丹不断学习、请教和实践,积累了自己的宝贵经验。精细化管理的工作让徐丹觉得维护泵站正常运行实属不易,"在防汛抗旱中,泵站起着重要的作用,我有责任与义务维护好泵站正常运行",徐丹坚定地说。强烈的使命感责任感让她不可自拔地爱上了工作,也坚定了自己的职业理想。

泵站是徐丹工作的核心,是无数个日夜朝夕相处的伙伴,是给她出了无数难题的考官,也是她的心之所向,"做泵站的守望者",徐丹用实际行动诠释着这份责任和担当。

情系水利,筑梦江都

"干一行爱一行,既然选择了一条路就要坚持走下去,每个行业都需要有人干。"工作10余年,徐丹早已将水利视作自己的终身事业,尽管水利行业较其他某些行业更为艰辛,但"横流浩劫永断绝,拯救数兆黎,大哉河海奔前程,毋负邦人期"的目标一直照亮着她,激励着她不断前行。

作为一名江都水利枢纽人,能够参与南水北调工程让徐丹倍感荣幸,她说:"这是许许多多前辈和伙伴们努力的结果,梯级泵站凝聚着人民的智慧和汗水,我为能为这样的事业奋斗感到十分自豪!"同时使命感也驱使着她严格要求自己,希望能加速成长,未来能独当一面,更好地守护泵站,为建设江都水利枢纽贡献力量。"书到用时方恨少,我现在的储备还远远不够,未来希望5年之内能回母校继续学习深造",学无止境,徐丹早已定好了终身学习的目标。

时间如白驹过隙,忽然而已,徐丹已经成为江都水利枢纽人10年有余。在这里,她遇见了志同道合的伙伴,遇见了无声却坚定的泵站,遇见了更好的自己。从一开始对陌生环境的新鲜与迷茫,到如今的坚定从容,她情系水利,以梦为马,筑梦江淮。

作为学姐,徐丹还有一段对学弟学妹的寄语:

一定要学好自己的专业知识,学习是第一位的,工作后才会发现,只有知识才是自己的。

(作　者:孙立扬)

"向"水而生诉衷情　勇立潮头赤子"红"
——记农田水利工程专业1987届本科生校友徐向红

········· 个人简介 ·········

徐向红,1987年从河海大学农田水利工程专业毕业后进入江苏省滩涂开发利用管理局开发处工作,后于1998年取得河海大学海岸工程专业硕士学位,2004年取得河海大学港口、海岸及近海工程专业博士学位。历任江苏省滩涂开发投资有限公司开发处科长及盐城分公司副经理、经理,省金港水产品有限公司董事长,省滩涂开发投资有限公司投资发展部主任,省沿海开发集团有限公司投资发展处处长,省沿海开发集团有限公司总经理助理、投资发展部总经理,省沿海开发(东台)有限公司总经理,现任南水北调东线江苏水源有限责任公司党委委员、副总经理。

南水北调工程建设离不开工程设计师、施工专业队伍,也离不开统筹部署、投资开发的工作者。他们不修建泵站,但抚摸过每一个泵站上的螺丝;他们不铺设砖瓦,但也用脚步丈量过工程区的每一寸土地。从学习农田水利到开发沿海滩涂,从江苏淮安到新疆克州,从冲锋一线到幕后管理,徐向红在水利这条路上走了40余年。几十年来,他跑海滩看河流,带队伍聚人心,把生态理念融进绿水青山里,把爱水之情写在祖国的大地上。

在服务员工中彰显国企担当

1983年,冥冥之中,刚踏进河海校门的那个青葱少年就感觉自己将一生与水结缘。1987年从河海大学农田水利毕业之后，年轻的徐向红开始从事滩涂开发利用相关工作，在长达30年的时间里为沿海开发投资、海岸工程管理、围海造田规划设计及施工管理等贡献着自己的青春力量。2017年12月，徐向红正式成为了南水北调东线江苏水源有限责任公司的副总经理，为东线工程建设出谋划策。担任着公司副总经理这一协调上下的主管人，他深感责任重大："原来是考生，现在是考核官了。"

5年多时间里，他先后分管了公司经营发展部、法务审计部、办公室等部门，公司里大大小小的事务都要经过他的手：南水北调工程的经营管理是他工作的重点，对外拓展业务是他探索的路径，风险控制是他的职责，凝聚团队力量是他努力的方向。此外，例如打造职工满意食堂、给员工做思想工作等繁杂的事务也是他服务员工的日常，面对这沉甸甸的担子，他却说道："我的愿望就是让公司团队发挥最大的力量。"

为了避免国企之间的无效竞争，优化公司人才及资源，聚集主业发展，徐向红主动拓宽思路，与环保集团签订合作协议，将旗下江苏水务发展公司整建制及其投资项目转入省环保集团，让优秀人才发挥专业优势。大格局，大情怀，他用实际行动彰显着一位国企负责人的担当。

跨越万水千山只为一捧清泉

提起南水北调工程中印象最深的事情，徐向红讲述了自己2018年亲身参与的新疆托帕水库建设过程。当时江苏省水利厅正在如火如荼地开展援疆建设，作为水源公司分管本项目的领导，他在前期就参与到投标相关准备中。当时投标的还有水利部新疆水利水电勘测设计研究院、中国水利水电第一工程局、中国电建西北勘测设计研究院等11家强劲的竞争对手，和它们相比，江苏水源公司距离工程遥远，在新疆地质情况的研究、大坝施工技术等方面没有优势，面对地理及技术难题，徐向红丝毫没有退缩，与项目公司班子及技术人员分析研究应对的技术及经济方案。

凭借着江苏省水源公司雄厚的实力和南水北调工程积累的经验，徐向红最终拿下了这个投资10亿的大项目，代表公司正式签署了水库项目的代建协议。随着项目的正式动工建设，徐向红又遇到了管理难题。业主单位对托帕水库建设没有充足的了解，计划要求与实际脱节，指挥显得草率，对项目公司提出的方案不予采纳，工程一度停滞。为了推进该项目，徐向红认为首先应转变业主的思想并建立苏、疆间的信任,他先后两次去克州工地现场参与调研商榷,并亲自与州长和业主沟通施工具体情况,还特地为克州分管领导及水利局相关人员安排了一场赴苏实地考察。徐向红带领新疆克州的领导和技术人员来到江苏淮安的洪泽站了解江苏水利建设现状,用淮安分公司建设管理案例和现在井井有条的标准化运行实际说服来访同行们转变管理观念。新疆业主面对江苏省水利工程建设的高质量和高效率,认同度大大增加,回到新疆后,他们才放心、放手。徐向红按照"江苏水利建设管理模式",结合克州工地具体实际调整方案,使得工程建设重新回到了正轨。

解决了管理难题,新疆恶劣的地理环境向江苏项目管理队伍发出了新的挑战。克州位于我国与吉尔吉斯斯坦交界的边境处,多山地多大风,平均海拔3000米,交通十分不便利。"我们一些队员血压高到吃药也降不下来,"徐向红回忆道,"在高海拔辛苦作业,那对于我们的身体真的是很大的挑战。"为了保障托帕水库如期竣工,水源公司参与新疆克州托帕水库建设的员工们常驻在高山上,他们平均90天回家一次,有的员工甚至120天没有回过家。员工们所面对的身心困难,徐向红都看在眼里记在心上。为了解决出行困难,他为管理团队申请了专门的吉普车,为出行提供便利;为了缓解员工们的思乡之情,他经常与大家视频聊天,给大家做思想动员,并给员工家属们做好安抚,送去慰问。正是他的"后勤保障",安顿好员工们每天的衣食起居,保障了水库大坝的正常建设。

如今,新疆克州托帕水库进入下闸蓄水倒计时阶段,将为千千万万的新疆人民带来最充足最纯净的生活用水和电力保障,融合江苏管理经验的托帕水库也将成为新疆其他各州水利工程的实操样本,为新疆水利标准化建设提供了对标示范。

从未忘记的水生态治理本心

江苏兼具江河湖海资源,是南水北调工程的重要一环。贯彻生态优先、绿色发展的理念,坚持河湖治理、水污染防治、水生态修复等举措,对改善南水北调水质具有十分重要的意义,也是建设"美丽江苏"的重点内容。从临海的家乡盐城到长江穿过的南京,数年的沿海、沿河基层工作经历让徐向红始终怀揣着澄清江河的水利生态梦,一直从事着有关生态保护治理的工作。无论是带领水源公司麾下的子公司鸿基公司,指导首次参与沿海工程缺乏经验的团队,结合各地区不同的特殊地理环境修建大坝,提供防水防腐防冲的保障,还是协助参与江苏沿海开发集团下属射阳金海岛公司的沿海垦区内部配套工程,修建垦区节制水闸,用以在盐碱地发挥排盐防洪节水功用,众多水利工程建设都留下了徐向红来回奔波、组织协调的身影。

他曾工作于省沿海开发集团有限公司(前省滩涂开发投资有限公司),主持和参与了江苏沿海十多个滩涂匡围建设管理和垦区开发配套建设工作,近年来公司又将生态建设作为江苏沿海发展重点,保障沿海集团50万亩(1亩=1/15公顷)滩涂垦区的生态防护和土壤治理环境。就职南水北调东线江苏水源有限责任公司后,徐向红也继续着水生态的老本行。2018—2019年,他负责牵头水源公司和沿海开发集团两方,合作建设江苏东台条子泥生态公园,发挥江苏水源公司的规划、设计优势,将公司的生态理念融入项目。条子泥滩涂为粉沙质重盐土,"干的时候像面粉,湿的时候像淀粉",土壤结构差、肥力低,"当时那里还是一片荒芜,植被很难生长",徐向红接下了这个项目,也担起了这份责任,用自己从事水生态治理数十年的经验,为项目团队提供新思路,在滩涂上进行盐碱治理,增加刺槐树、獐茅草等耐盐植被以减少水土流失;发挥水源公司南水北调的净化水体治理经验,各项环节在昔日贫瘠的盐碱地进行,沧海变桑田,那片荒芜之地就在高效的生态修复中焕发生机,水在变清,景在变美,游览东台沿海,沿海成片林、防护林、道路绿网建设绿荫密布,绿色风景一路相随,国有企业护航"美丽江苏""水韵江苏"的实践成功实现。

随着推进南水北调后续工程高质量发展座谈会的召开,南水北调东线后续工程规划的蓝图徐徐展开,为江苏水源公司下一步建设发展指向定下了基调。公司自成立以来,高质量建设、维护、管理、经营东线江苏段主体工程,转型发展为集投资、水务、环保生态修复、资源开发、项目管理于一体的科技创新型现代企业,为实现南水北调东线安全、平稳、高效运行发挥了举足轻重的作用。作为一个地道的水利人,徐向红深知高标准高质量的工程需要生态意识强、管理效率高的团队,身为公司党委委员,他在水生态上一心"向红",以新时代新的机遇和新的挑战,诠释江苏水源人的初心和使命。面向未来,徐向红也对公司前景有着诸多期待,希望能够在南水北调工程的大背景下,广泛整合江苏省大部分水利企业的人才和资金,增进水源公司这一领军企业的实力与影响力,服务江苏水利事业和南水北调系列工程高质量推进。

与河海解不开的缘分

在水利行业耕耘数十年,徐向红接触了无数大大小小的工程项目,而他数十年如一日的热情源头,来自他本科时在河海认识的诸一骅老师。课程设计中,徐向红从诸老师那里第一次接触到了泵站的知识,并尝试自主设计制作。而老师带给他的影响无比深远,直至今日,他对泵站仍有很深的感情,"从前接触的是小泵站,现在参与建设的是大泵站,一直到现在都没离开过泵站",徐向红笑言。从小机泵到大泵站,从农业水利的田间地头到海岸工程的大型吸砂吹填船,他始终与"泵站"有着千丝万缕的联系,同样也与母校河海有着难舍难分的缘分。

本科从河海的农田水利专业毕业后,徐向红工作之余仍向往着提升自我,便决心考研继续深造。求学之路上少不了艰辛的时刻,仍旧在职的徐向红最终以 9/109 的录取比再次来到了心心念念的母校。现在想起 1994 年考研时的劲头,徐向红还印象深刻。他至今还记得在西康路校区匆忙又充实的备考时光。白天听课,晚上自习,每天都在自习室待到 11 点钟熄灯,回到住宿的友谊山招待所时,连旅馆里的服务员都心疼备考生们,给他们泡好快餐面。就凭着这样的吃苦精神,徐向红在 1995 年开始攻读海岸工程专业硕士,1998 年又继续就读港口海岸及近海工程博士,踏实的求学态度和跨学科的专业学习让他受益颇深,工作后无论是参与沿海集团沿海产业基金的前期投资工作,在灌云挂职分管金融工作,还是参与运作公司上市的前期筹划工作,都凭借着投资管理和工程经济的知识得以胜任。

在河海就读期间,他兴趣爱好广泛,篆刻、书法、摄影样样不落,毕业前夕还自己动手给同学们刻姓名石章、冲洗毕业照。学生时代总有着真挚的友情,徐向红就因为踢足球、冬泳的爱好和舍友成为挚友。"环境造就人,这些爱好都来源于在河海同学之间的相互影响吧",本科期间,徐向红所在宿舍里,7 位舍友有 6 人都是河海大学冬泳队的成员。寒冬时分,他们相约去学校的露天游泳池,下水前先提前用冷水冲洗身子降温,"待再入泳池时,已经觉得里面似温泉一般暖和了"。游完两三趟,他们的体温已经下降,游完上岸要在火炉边烤热,碰上时间紧张便直接去食堂吃饭,站在排队等候的队伍里止不住地发抖,惹得后面的同学侧目而视……和好哥们一起冬泳的难忘记忆,温暖了徐向红在华水就读时的独特青春,现在回忆起在河海度过的青葱岁月,徐向红仍觉得温暖无比。

如今,徐向红与同学们投身于全国各地的水利单位,他所在的江苏水源公司里就有 20 余位河海校友。谈起跟校友们共事的感受,徐向红脸上洋溢起自豪,"跟河海人一起工作就是很亲切"。而徐向红一家都与河海有缘,他夫人曾就职于河海大学基建处,他的儿子是河海土木院的研究生。"河海的环境很能造就人",徐向红不禁感叹道,正是河海艰苦朴素、严谨治学的氛围感染着一代代水之子。徐向红也殷切地希望河海学子无论在哪里都更好地发挥自己的才能,为河海增光,为水利事业做出贡献。"河海为全国的水利建设输送着人才,其实为河海增光就是为水利事业增光。"徐向红发出爽朗的笑声。

"我其实做得很少,"带着腼腆的笑,徐向红谦虚地认为自己做得还不很够,"南水北调工程的推进,更多地靠的是水利行业老前辈们的长期奋斗。"念念不忘,必有回响,徐向红和他的同伴们畅通南北"生命线",改善水生态的梦想,还将沿着南水北调东线一路北上,随滚滚江水在祖国大地上奔涌向前。

(作　者:姜秋晨)

南北水调工程中的河海人

献身水利　不负韶华
——记水利水电工程建筑专业 1995 届本科生校友徐惠亮

个人简介

徐惠亮，1995 年毕业于河海大学水利水电工程建筑专业，同年分配到江苏省江都水利工程管理处，主要从事工程建设运行、水行政执法、河湖管理等工作。历任管理处基层管理所副所长、所长，管理处副总工等职务，其间曾代表江苏水利援藏三年，2013 年任省江都水利工程管理处副主任，2016 年获得研究员级高级工程师资格。

从踏进江都水利枢纽的那一刻起，徐惠亮的梦想就与雄伟的南水北调工程一起成长，一起飞翔。他坚守一定要做一名合格的、优秀的水利工作者的信念。不积跬步，无以至千里；不积小流，无以成江海。他坚持干一行爱一行，每做一份工作都兢兢业业，每跨一步台阶都尽心竭力，每上一座舞台都尽展才华，他坚持在奉献中锻炼，在锻炼中成长，在成长中进步，用实际行动践行青春使命，用满腔热血回应伟大工程的召唤。

"古有李冰都江堰，今有人民江都站。"2020 年 11 月 13 日习近平总书记考察江都水利枢纽并发表重要讲话，对江都水利枢纽给予了高度评价。这对江都水利工程管理处副主任徐惠亮来说，是莫大的荣耀，更是崇高的使命。

带着"一江清水向北送"的不渝初心，26 年前，品学兼优的徐惠亮从河海大学毕业后，背起行囊来到南水北调东线工程源头，扎根在扬州江都这个小小的县城，从一名基层水利工作者走向领导管理岗位，在人生最美好的年华里，他凡心所向、素履所往，将架构之责、建设之任，行于脚下、筑于泥瓦，以满盈盈的使命和沉甸甸的责任，以"逢山开路、遇河架桥"的勇气和魄力，把民之所冀作心之所系,把民之所想作力之所往;把每一笔,都当作意味隽永的勾勒;把每一画,都视为丹青锦绣的蓝图。

从"云端"到"山川"

徐惠亮的大学生活充满了青春色彩,他肆意地徜徉在知识的殿堂里。回忆起那段快乐时光,至今让他记忆犹新的是自己作为班级团支书,和同学一起去河海会堂看那个年代的流行电影和明星演唱会。火爆了一个时代的歌曲《小芳》的演唱者李春波来河海演唱,让他切身体会到了河海的"火"。风光之下,徐惠亮也还记得在河海大学附属金工厂里勤工俭学的经历,年纪轻轻的他那时就知道了自立自强的重要。那时候的大学生还能享受每个月14元的国家生活补助,虽然这足以承担大部分的生活费,但他还是坚持用自己的汗水去改善生活、磨砺意志。还有一次班级集体骑自行车去牛首山的经历让他回味无穷,"这是班级同学最难忘的一次活动,我们从汉中门广场租自行车骑过去,在山上过夜,第二天再骑车回来"。虽然自行车一路叮铃哐啷响,车轮和车身都沾满了泥巴,但一点儿也不影响徐惠亮与同学们的欢声笑语在泥泞的道路上飞扬。美好而充实的大学生活让徐惠亮拥有了乐观的心态和崇高的理想,让他积蓄起丰厚的知识储备,同时也对工作充满着期待,向往着校园外那片广阔的江河湖海。

4年大学生活转瞬而过,从学校的王牌专业水利水电工程专业毕业后,徐惠亮面对多个大城市里行业顶尖单位的多个选择,他经过反复思索,最终选择了南水北调,选择了江都水利枢纽。上学时他就知道了南水北调,革命先驱孙中山在《建国大纲》里的长远主张,伟大领袖毛泽东在黄河边的伟大构想,无不触动和牵引着徐惠亮。他放眼大视野、胸怀大情怀,气存大格局、志向大担当,一心想要干出一番新事业。但由于专业所学知识大多与水电站及大坝相关,当来到扬州江都,看到河道里的小小水闸时,徐惠亮的心里还是有了些许落差。丰满的理想和骨感的现实,都不带修饰地摆在了他的面前,梦想就要在这片小小河沟水闸里生发。

基层水利人脚踏实地、无私奉献的精神时刻鼓舞着他,徐惠亮从管理处的前辈们身上学到了许多做人做事的道理;河海老师的谆谆教诲也时常在他的耳边响起,"艰苦朴素、实事求是、严格要求、勇于探索"的河海校训时时浮现;既然选择了水利事业,就应该全身心投入进去,既然选择了远方,便要风雨兼程。

在徐惠亮刚开始工作的半年里,因为水利工程确权划界的需要,新进的大学生被一起安排从事地基测量工作。在烈日如焚的夏天,他挽起裤腿投身泥淖,汗水浸透衣服又被强烈的阳光晒干,衣服上显现出一圈圈的盐渍。他与同事在冬天寒冷的风中笔挺地扶直水准尺,几米几米地在山丘间缓慢推进。由于长时间在户外工作,风吹日晒,徐惠亮稚嫩的皮肤脱了一层又一层,最终变得黑黢黢。但他仍然毫无怨言,勇敢地面对一次次困难和压力,认真完成一项项工作任务,在艰苦中磨炼意志、总结经验。在徐惠亮看来,做任何事情都要认真细致,不能有丝毫的马虎,特别是在使用水准仪、经纬仪这样精密的仪器时,更要做到精益求精。稍有差错就可能导致数据的巨大偏差,甚至造成其他测量出错及最终数据的计算错误。

由枢纽工程北望,广袤的苏北平原河网密布,稻菽千重,鱼米飘香。从空中俯视,四面环水,站闸相连,气势磅礴,京杭运河犹如一条巨龙伸向远方;步入其中,佳木郁葱,鸟语花香,亭榭楼台,又似世外桃源。更有源头纪念碑、园中园、明珠阁、江石溪碑亭等景点散落其间,俨然一幅人与自然和谐的美丽画卷。徐惠亮的梦想从云端落地,在工作的过程中他更加钟情江都这片美丽富庶的地方,他的梦想逐渐变得简单务实:与江都水利枢纽一起成长、共同飞翔,做一名合格的水利工作者,做一名优秀的水利守望者。

从"知之甚少"到"应知尽知"

古人云:不积跬步,无以至千里;不积小流,无以成江海。徐惠亮选择一如既往的陪伴,选择一往情深的守望,始终坚持从小事学起,从点滴做起。1996年,徐惠亮被重新分配到江都水利工程管理处的基层单位万福闸管理所担任技术员。管理所地处偏僻,居住条件简陋。徐惠亮吃住都在所里,他坚持利用空闲时间熟悉环境、熟悉工程,不断地提升自己对工作的认识。一项新的工作必然需要新的知识,他经常向身边的同事请教问题,努力提高自身素质,尽快适应岗位需要;坚持向书本学习,掌握建筑物设计及工程设备原理,丰富自己的知识面。当年8月,镇江市谏壁闸砼叠板门由于长期遭遇高水位洪水压力,闸门老化,出现闸门毁坏事故。上级主管部门指定徐惠亮所在的处室作为抢险队伍,负责本次事故的抢险和检修,年轻的徐惠亮二话不说,扛起工具迈开腿,就带着抢险队奔赴现场。

临危受命的徐惠亮之前从未处理过闸门毁坏事故,但是他没有退缩,关键时刻勇挑重担。险情就是无声的命令,徐惠亮立即调集设备和人员,奔赴事故现场,迅速控制了险情,尽力减少了事故的损失。在随后的船闸大修工程中,徐惠亮每天都坚守在工地。当时他仅参加工作几个月,可以说还是水利新兵,很多实际情况并不太了解。他便与工程技术人员一起边学边做,参与工程建设。工程进度缓慢,光是拆除锈蚀的闸门轴这一项现在看来很简单的工作,就花了五六天的时间。在徐惠亮与他所带领的团队的不懈努力下,该工程的除险加固得到了上级表扬。凭着执着的追求和出色的学习能力,徐惠亮工作以来每年都被评为单位优秀党员或优秀工作者。

担任基层管理所所长后,徐惠亮面临着角色的转变。他清楚地认识到,要成为一名合格的单位领导,不仅要有实干精神,还要善于谋略;不仅要熟悉本单位的业务,还需要有丰富的知识;不仅要有一定的组织管理水平,还需要有良好的人际沟通能力和对外交往能力。为此,他加强自我学习,了解新形势,掌握新动向。在单位管理方面,强化基础管理工作,制定各项规章制度,细化岗位职责,严格考核制度,理顺工作流程,调整岗位分工,加强单位经营,使管理所的工作效率在短时间内就有了质的提升。他大力提倡大局意识、协作精神和服务精神,充分发挥交流沟通的独特功能,加强班子建设,强化班子与职工之间的互动,增强团队成员之间的理解与信任,从而做到上情下达,下情上报,有效协作,最终使大家群策群力，心往一处想、劲往一处使，管理所全体职工的凝聚力和战斗力得到明显提升。徐惠亮上任后几年内，不仅职工的精神面貌大大提升，管理所的经营也从负债变为积累，从原来的落后单位跃升为先进单位。

从"长江尾"到"长江头"

2010年7月，徐惠亮带着组织的重托和信任，告别了年迈的父母，告别了妻儿，踏上了飞往西域高原的路途，到格桑花海之地，润泽一方百姓。天高路远，一切都是陌生的，一切也都是未知的，这是一次挑战，一次生理和心理的双重挑战。"既是为了增加阅历，也是受到单位其他援藏干部的影响，这让我有一种使命感。"徐惠亮这样解释作出支援西藏这个决定的原因。

在格桑花开过的地方，风就会把种子吹进贫瘠的土地，沉默而又朴素地点缀起短暂的夏季。援藏的3年时间里，徐惠亮克服了包括家庭、生活乃至身体上的无数困难。高原地区空气稀薄，气候对人影响巨大，他在第二年春天返回西藏后，20天内瘦了15斤。在这样艰苦的情况下，徐惠亮坚持努力学习、积极工作，为西藏的水利事业贡献出了自己的一份力量。出于工作需要，徐惠亮两次被自治区抽调到昌都和日喀则市检查工作。他几乎走遍了两个地区的所有县市，了解当地的实际情况和民族风情。在蓝天、白云、群山、枯林间，在与朴素的藏族人民交往中，他看到了信仰的力量、梦想的坚定，以及对大自然的敬畏。在拉萨这个日光之城里，徐惠亮不图名、不求利，努力做到缺氧不缺精神，艰苦不怕吃苦，只要对老百姓有利的事就大胆去做，始终把群众的事放在首位，做好基层水利工作。作为一名援藏技术干部，徐惠亮不仅把自己的知识传授给西藏的同事，也认真学习研究西藏的专业特色，把好的经验带回家乡。在下乡的过程中，他一直本着"干什么学什么，缺什么补什么"的原则，带着专业书籍、带着学习的态度、带着进步的念头进行工作，这段经历使徐惠亮在调查研究、分析判断和科学决策等方面的能力有了很大提升，全局观念和处理复杂问题的能力也进一步增强。

徐惠亮接手拉萨市水利普查工作后，便一心扑在工作上。作为一名技术负责人，他认真钻研水利普查的相关知识，制定水利普查的相关制度，落实水利普查的相关责任，解决水利普查的相关难题。无论是工作日还是节假日，他始终保持手机24小时开机，及时帮助解决工作中遇到的问题。在到基层县区调研水利普查工作时，他在海拔4000多米的山沟里徒步近10千米察看灌区的水源

点和沟渠建设情况,指导地方普查员准确采集普查数据,确保普查数据填报的准确和可靠。

3年的援藏工作,徐惠亮坚持在奉献中锻炼、在锻炼中成长,坚守岗位、恪尽职守、尽心竭力、不辱使命。3年援藏工作所学所得,既是对他今后事业的鞭策和鼓舞,也是新的开始和前进的动力。

2020年11月13日,这是习近平总书记考察江都水利枢纽的日子,几年过去了,总书记的嘱托犹在耳畔,带着总书记的嘱托和水利人的责任感、使命感、自豪感,徐惠亮在新时代的水利建设道路上,大步向前。

(作　者:王炳锃)

四载金陵求学路，多年丹江治水途
——记水电站动力设备专业1988届本科生校友徐新民

········ **个人简介** ········

徐新民，高级工程师，湖北省蕲春县人。1988年本科毕业于河海大学水电站动力设备专业。同年在丹江口水利枢纽管理局参加工作，2004年任丹江口水力发电厂（以下简称丹江电厂）副厂长，2005年兼南水北调中线工程丹江电厂机组改造项目部经理。

机缘巧合入河海，水利之路自此行

在聊到自己与水为伴的生涯时，徐新民首先回想起的是第一次见到水坝的时刻：高考后，在填写志愿之前，班主任带着他们一行骑自行车到邻县的白莲河水库游玩。水库并不算大，但在当时的徐新民眼里，是浩渺的，荡涤心灵的。怀着好奇心，一群人还参观了大坝下的小水电站。随后到了填写志愿的阶段，当时流传着一句话：天南海北不要报。意思是说天津、南京、上海、北京的高校录取率低。对学校、专业并没有什么了解的徐新民，只是向老师表达了去南京的想法，老师沉吟片刻后说道："那我给你选个学校。"在缘分的冥冥安排下，徐新民进入了华东水利学院。一年后，学校更名为河海大学。

1984年，徐新民进入水电系水电站动力专业学习。时移事迁，他还清楚地记得自己学号为841258。毕业多年,河海仍给徐新民留下了不可磨灭的记忆。长长的林荫道,绿树成荫的友谊山,繁茂的梧桐树掩映下的水利馆和工程馆,充满活力的足球场,构成了青春的底色,时至今日,徐新民仍然对食堂的酸奶和包子念念不忘。"当时有专门的酸奶瓶,而包子每个不到一角钱,便宜又美味……"

脚踏实地,结合实际

1988年毕业后,徐新民被分配到丹江电厂工作,此后长达多年的一线工作经历让徐新民重新认识了那些原来只存在于课本上的设备,将理论知识具象化,积累了丰富的操作经验。2005年9月26日,南水北调中线标志性工程,中线水源地丹江口水库的控制性工程——丹江口大坝加高工程正式动工,标志着南水北调中线工程进入全面实施阶段。当时的重要任务,便是加高丹江口大坝和机电改造。既担任丹江电厂副厂长又身为南水北调机电改造项目经理的徐新民,十分凑巧地成为自己的甲方,从而参与了所有机电方面的工作:大坝设计、机组改造招标、审定、安装……那时工程中遇到的许多问题,在如今看来都称不上困难,但运用当年的科学技术想要解决却也让徐新民等工作人员费了一番心思。

老一辈革命家和水利工作者深谋远虑,在建设治理汉江水利龙头工程丹江口时就考虑到了南水北调的问题,但受当时国力和技术的限制,丹江口大坝建设分期进行,大坝水下部分、防洪设施、发电机组全部按永久工程建设,其余部分,分期施工。这次就是从一期工程坝顶高程162米加高至176.6米。大坝加高要在初期工程不中断运行且不改变运行条件的情况下进行,在当时没有可供借鉴的经验,新老混凝土接合、金属结构锈蚀测量和强度校核、水轮机运行水头改变对稳定的影响、施工与防汛、施工与发电、施工进度与枢纽安全管理等等矛盾交织在一起,难度可想而知。而为了适应加高的堤坝,水轮发电机的改造

也迫在眉睫。受20世纪五六十年代国内的制造水平限制，光是在原流道不变基础上的水力机组改造就困难重重，徐新民等工作人员只能在传统的提升发电机承压能力方法之外另寻出路——固定导叶修型。这不可谓不是一项令人惊叹的创新举措。而面对精准至零点几毫米尺寸的加工要求，如何实现又成了一道新的难题。一桩桩，一件件，问题接踵而至，而这些都是在工程前期就亟待解决的问题。

除了这些问题，还有其他意料之外的麻烦令人猝不及防。施工过程中，紧邻施工现场的厂房时不时突然进水，大家总是在下班时突然发现河水漫进厂房，便都手忙脚乱地用沙发把水围住，用手去寻找漏水的源头。"众人齐力断金，虽然厂房进水没有酿成祸事，但我们也因此加了好多次班。"徐新民笑着说。

敬业常驻一线，大胆创新技术

在这期间，在项目中引入智能化设备也是徐新民十分得意的一个创举。"人是有情绪的嘛，但智能化设备只要你设定好，它就会按照你的要求无情绪无牢骚地运行。"徐新民如是说。同时，在徐新民看来，将一些工作交给机器，既减轻了工人们的劳动强度和工作压力，同时也提高了工作效率，是一项十分有益的措施。

徐新民在实际操作中并不拘泥于理论，而是大胆创新。一次，他发现导叶一开始不漏水，但水压一加上去再开关两次，就变形漏水了。问题向厂家反映后，也没有结果。徐新民经过认真仔细分析，发现使用工地的原材料生产就会导致导叶抗压强度不高。于是徐新民提出了改造参数，重新设计了导叶，经过改造后，就再也没有出现过漏水的问题。

技术问题解决了，等到机电设备改造安装工作谈定，徐新民又马不停蹄地赶赴下一项工作：在丹江的上游新建两座水电站，即现在的潘口水电站和小漩水电站。"一干就干了10年。"徐新民笑着说。在水电行业深耕多年，徐新民也练就出了自己的"绝招"——如今的他,光听声音便可以分辨机器的运行是否有异常,同时也能迅速判断零件的参数是否正确。而这两个问题往往会导致仪器损伤,从而造成经济损失。秉持着对自己的工作经验极大的信心,徐新民轻而易举就能指出故障,将不少设备损坏的苗头掐灭在萌芽阶段,避免造成更大的经济损失。

  在南水北调项目中工作多年,徐新民看到的工程成果是出色且显著的:不仅解决了北方的缺水问题,而且大大提升了水质,水域沿岸的生态环境也随之得到改善,保证了沿线居民的生活用水,还对白洋淀等湿地进行生态补水。而这些都是在短短的十几年时间内做出的成效,徐新民不禁感叹道:"也只有在中国、在共产党的领导下,才能够在这么短的时间里实现。"而徐新民陪伴南水北调这一历史建设从青年走到中年,以身作则诠释了河海人"艰苦朴素、实事求是、严格要求、勇于探索"的精神,这些精神也将一代代传承下去,永远闪耀。

(作 者:邵一川)

用汗水浇灌梦想,以热爱致敬水利精神
——记水利水电专业2013届博士生校友郭卫

············ 个人简介 ············

郭卫,2013年博士毕业于河海大学,正高级工程师,长江水文水资源分析研究中心水资源三室副主任。任职期间作为水利部应急专家组水文专业技术负责人2次获"水文局2018年金沙江白格堰塞湖水文应急监测工作先进个人"。有关成果获大禹水利科学技术奖三等奖1项,长江水利委员会科学技术奖特等奖1项、一等奖1项、二等奖1项,作为主编完成《乌东德水电站水库运用与电站运行调度规程》《金沙江中游梯级水电站联合调度方案》等编写,参与编写专著3部(合计10万字以上),发表论文10余篇,其中SCI/EI/ISTP检索3篇,授权发明专利5项(其中第一发明人2项),1项成果被列入水利部推广指导目录。

南水北调中线工程于21世纪初开始建造,至2014年12月成功通水。郭卫在毕业后来到了长江委水文局,并被委派至机关工作两年。2012年至2014年这两年是中线工程发展中至关重要的两年,其基础工程基本完工,并即将迎来首次通水。而郭卫有幸见证了这一历史性的时刻,并参与其中,做出了自己的贡献。看到南水北调项目的巨大成功,郭卫不禁回想起自己的童年时光:身为北方人,曾经他家乡的水源大多是取自当地水井中的地下水,水质并不好,人民的生活质量也因此不高。如今,经过十几年的南水北调工程建设,将品质优良的丹江口水源引入北方,极大地满足了北方人民的用水需求。在满足供水需求后,又开展了二期工程,在水源条件允许的情况下,实现了整体水资源的优化调配,改善了引入的

水质,而南水北调不仅极大提高了郭卫家乡人民的生活质量,还让经济社会发展、人口快速增长下的城市能够获得优质的生活用水,加速了城市发展,河湖环境也在南水北调工程的推进中得到了进一步的保护,是中国在水利方面实现高质量发展的重要举措。南水北调中线工程作为三支中的重要一支,更是有着将水源送至国家首都北京的重任,而郭卫毕业后也将自己的才干发挥在了这一片土地上,为南水北调后续高质量创新与发展贡献着自己的力量。

取水之路,凝心铸魂

南水北调的通水并非如我们平时所想的那样简单,它有严格复杂的流程及规则,要做大量的准备工作,其中为首的便是通水需要获得丹江口水库的"取水资格证",唯有获得了这个取水证才是"依法取水"。2014年,在10月中线工程基本完工后,必须在12月前获得许可批复。这小小的一个取水许可十分关键,它就像水利世界里的一张"护照",打开了南水北调之旅的大门,而郭卫便是为了这一张"护照"去奔走的水利大使。

中线取水许可涉及中线工程经过的不同地方的用水分配,用于佐证取水过程的合法性,由于涉及的河流数量极多,需要仔细计算核对每一个数值,做到百分百精确,这对郭卫来说是一个很大的挑战。他也直言这次繁忙劳碌的经历令他至今记忆犹新。据他回忆,那是在盛夏的一个晚上,在收到了编制单位送来的材料后,他在炎炎夏日中一直工作至深夜。把数据仔细地复核了一遍又一遍,连夜将文件制作了出来,完成了工作。作为一名河海毕业的高学历水利人才,郭卫不仅在学术方面拥有十分专业的知识与技术,在工作上更是秉持着吃苦耐劳、勤勤恳恳的水利精神,对每一个数据、每一份材料更是精益求精。正是因为有这份孜孜不倦、业精于勤的努力,他才得以胜任这些重要工作,为南水北调中线工程的成功通水提供了保障。

整合史料,赓续水利精神

郭卫的工作也不仅仅限于取水许可方面,在中线工程的史料整合上,他也付出了大量的心血。这次中线工程的史料整合并不是仅仅对过去工作情况的简单搜集,它包含对2000年至2018年期间中线工程中涉及的大量历史资料的整理分析。这份工作让郭卫清晰地了解到了在他入职前,前辈们经历的艰苦实践。郭卫在采访中也说道,前辈们的事迹对他有极大的感染:"他们付出了很多劳动,当年的条件又十分艰苦,物资匮乏、交通不便、环境险峻。总干渠要实现自流,就不可避免要绕过一些险峻地段。这些同志冒着生命危险,忍受风吹日晒,翻越山岭,到具体河流点去测量、收集第一手的资料,为实现总干渠自流做出了巨大的贡献。"在讲述中,郭卫表达了对这些水利前辈们的无限敬意,即使在这样艰苦的条件下,他们依然做到了负重前行,将青春的汗水挥洒在了中线的每一条河流上,为南水北调工程奠定下了坚实的基础。而这些前辈们的事迹也鼓舞了一代又一代的水利人,激励他们不断前进。

郭卫在整理史料的过程中,也学到了很多水利知识,他认为,水利专业就是在不断的实践探索中发展的。很多老前辈们仅是高中学历出身,却建造出了如今伟大的南水北调工程,他们在自己的摸索学习过程中,大胆尝试、勇于创新,用丰富的实践经验做出了一份份设计图。郭卫认为,学好水利的最重要一点便是"多往回看看",这些历史是最宝贵的教材。即使已是博士学历的郭卫,至今也常常翻看历史资料,每次总能从知识渊博的"老师"们那里收获知识。这份工作可谓是与水利专家们的一次跨时空对话,也肩负着将水利前辈们的智慧传递给后人的重任;同时它也是对当今工程的一种再发现、再创造。而郭卫参与编撰的《南水北调中线工程史料整编》不但让读者们走进了南水北调工程的大门,更是对老一辈水利人水利精神的传承延续。

水利精神是中华民族精神谱系的一个重要分支。以史为鉴,开创未来,不断向前辈们看齐,方能做到"大哉河海奔前程,毋负邦人期"。无论是对科技创新,还是对历史的传承,郭卫都贡献了自己的力量。

抢险作战,凝心铸魂

2018年的一个月里,金沙江4次山体滑坡堵塞河道,那次抢险强度之大,对于初次参与抢险工作的郭卫来说是一个很大的挑战。部里接到险情通知后,紧急成立了抢险小组,组织人工干预溃水,并要求在第二天下午的大会上就把方案敲定。时间紧、任务重,郭卫和团队的其他同事一接到任务,便立刻回到中心准备作战。"只要来一次信息,我们就马上要算,经常待在办公室算到晚上。晚上一来新消息就抢算一晚上,这就是抢险。"郭卫说。为了应对这种突发情况,他提前准备好了计算所需的公式、数据、推导方法,为抢险方案的迅速制订提供了数据支撑保障。

一个月4次溃水,其中第四次溃水的危害程度最大,郭卫所在的团队也不敢丝毫懈怠,面对数据计算的巨大工作量,他们彻夜分析,并且不断地进行判断与佐证。最终,他们判断必须立刻对金沙江溃水实施人工干预,并向中心提交了溃水影响的范围与干预措施。中心经过商议后也很快采取了郭卫所在团队给出的方案,最终的结果也正如郭卫所料。第四次溃水即便经过了人工干预,也依旧冲毁了金沙江沿岸的桥梁,金沙江两岸居民的住房也遭到了洪水的冲击。"经过我们人工干预后的流量是3万立方米每秒,如果不干预,那可不是3万,可能要翻倍,甚至翻几倍,一旦发生,后果不堪设想。"郭卫讲道。经历了这种磨炼,团队里的每个人都得到了锻炼和成长,团队的战斗力显著增强。

怀抱梦想,脚踏实地

在河海学习期间,郭卫选择的是水利水电专业水资源配置方向,这与他在南水北调中线工程中所做的水资源分配工作相契合。水资源分配工作不仅包括对原始数据的计算,还要进行预报分析。"特别是预报这一块,虽然我们本科时就掌握了相关知识,但还是跟硕博期间学的有很大区别,"郭卫说道,"而且专业知识和实际生产不可能完全对口,做专业的预报工作,我们不可避免地要去自学研究,需要长期知识和经验的积累。"实践是认识过程的第二次飞跃,校内所学的理论知识大多是原理的介绍,而在实际生产过程中往往需要考虑更多的因素和可能。理论知识就像一块璞玉,须在长期实践中得到检验,在日月雕琢中变为瑾瑜。

谈到自己的学习生活与经验时,他强调要注重丰富早期的成长经历。在意识到自己的欠缺后,要根据自己的兴趣点去挖掘、学习研究,从自己的兴趣中选择其一作为自己的人生方向。兴趣是最好的老师,而人生方向的选择根本上决定了自己的未来。"方向选择对以后的人生有很大影响,"郭卫认为,"不同的规划路径决定了你不同的努力点。"郭卫很看重自己在校时的暑期实践经历,他说:"那时候跟着老师、师兄师姐从东北到贵州到处闯,扩大了自己的接触面,也就进一步明确了自己的人生方向。"同时郭卫也强调要有跨领域的交叉思维,找准交叉点,培养自己的特色。"比如水文,如果懂计算机,你可以跟数字孪生联系在一起;如果懂环境,可以和江河环境保护联系在一起……早期尽可能多地接触不同领域的内容,后期再有针对性地提升自己的专业能力。"春雨中埋下的种子,在秋风里自会结果。唯有明确自己的人生方向,开拓自己的眼界,锤炼过硬的专业本领,才能成长为具有"中国灵魂、全球视野、河海特质"的新时代水之子,走好新时代的水利长征路。

"真正想做好一件事,要拥有一腔热血。"郭卫如是说。郭卫的故事只是南水北调中线工程的一个缩影。无数老一辈南水北调人为今天的成就打下了坚实的基础,贡献了自己的智慧和汗水,他们的人格魅力和精神品质影响着一批又一批的水利人,感召他们走好自己的新时代长征路。而正是有这么一群与急难险重问题死磕的水利人的守护,我们才有了江河安澜。这便是水利人的朴素情感,也是他们行进在平凡岗位上的誓言。

(作　者:徐芳菲　王　盛)

年"富"力强　屡创"佳"绩
——记热能与动力工程专业 2010 届本科生校友黄富佳

个人简介

黄富佳，1988年生于湖北宜昌，一级建造师，高级工程师。2010年本科毕业于河海大学热能与动力工程专业，毕业后保送至本校水电学院攻读硕士研究生。2012年进入南水北调东线江苏水源有限责任公司工作，全过程参与江苏水源公司工程管理体系模式构建，江苏南水北调工程试通水、试运行以及多次正式调水运行、"10s"标准化成果建设，2014年所在团队在国务院南水北调办考核中获得优秀等次，主编的江苏地方标准《水闸泵站标志标牌规范》已颁布实施。牵头南水北调东线一期工程调度运行管理系统建设，智能调度系统获评国务院国资委首届"国企数字场景创新专业赛"一等奖"2021年度智慧江苏十大标志性工程和重点工程"，参与的 2 项发明专利、4 项实用新型专利获得授权，获得 4 项软件著作权。

勇于开拓　踏上工程管理"新征程"

2012年4月黄富佳进入江苏水源公司工程管理部工作，此时正是工程建设攻坚克难的关键期，也是工程管理工作的探索期，距离原国务院南水北调办确定的东线工程"两个率先"（2013年工程率先建成通水，水质率先稳定达标）目标还有18个月。如何做好工程建设期和工程管理期衔接工作，如何落实向运行管理单位保证的工程率先通水，如何提升江苏南水北调工程管理水平，是工程管理部的重要职责。万事开头难，工程管理部一共4名员工，而且大多为年轻同志，需要组织、协调、管理好14座新建大型泵站、3条河道，责任重、压力大，黄富佳坚定信心，真抓实干，迎难而上，不断提升组织协调能力、工程管理能力和专业业务水平，以"主人翁"精神，做好江苏南水北调工程管理工作。

确定管理体系，落实管理责任。如果按照初步设计批复，每座泵站配备管理人员50～70人，每年的管理费加维护费预估为600万～800万元，14座泵站一年的管理费将近一个亿，但是国家要求南水北调工程实行"准市场化"运作。黄富佳所在的部门提出了"省公司＋分公司＋现场管理单位"的三级管理体系，首次在水利工程提出了"直接管理＋委托管理"相结合的管理模式，一方面公司自己招人组建管理所，培养管理队伍；另一方面委托江苏省水利厅厅属管理处管理，该方案人工成本低、人员精干、一专多能。黄富佳先后参与各级管理机构责任明确、分公司组建、管理单位比选、委托管理合同谈判签订等工作，2012年底2家分公司、14家泵站管理单位、7家河道管理单位全部落实到位，三级管理体系初步建立，黄富佳为管理体系确定、管理责任落实贡献了自己的才干与智慧。

加强制度建设，规范管理行为。管理初期，公司多项制度不健全、不完善，黄富佳围绕公司提出的"标准化、规范化、精细化"要求，开展管理制度体系顶层设计，用规章制度规范工程管理行为。黄富佳认真、系统地研究国家和省相关制度办法，发现很多制度在国内水利行业尚属首例，没有成熟的经验可以借鉴。他在实践中探索，在探索中实践，结合江苏南水北调工程管理实际，先后组织编写《分公司考核办法（试行）》，参与制定《工程管理考核暂行办法》《工程维修养护项目管理办法（试行）》《南水北调江苏境内工程管理办法（试行）》等管理制度，形成了一套适用于江苏南水北调工程的制度体系。

时间来到了2013年5月，工程建设已基本完成任务，原国务院南水北调办要求开展全线试通水。全线试通水不仅是单座泵站建设及管理水平的一次检验，更是对梯级泵站联合调度、协调配合的一次检验。为顺利完成试通水任务，黄富佳参加了试通水专项检查，组织国内、省内专家对沿线工程开展了细致、全面的联动检查，对各工程调水的条件、工程安全稳定运行进行检查，配合调度部门确定合理的开停机时间，一旦发现问题及时协助现场管理单位整改到位，帮助做好工程运行中突发情况的应急处理。经过连续24小时的全线联合调试运行，南水北调东线一期工程江苏段试通水于2013年5月31日14时取得圆满成功，南水北调江苏段建设率先完工且具备正式通水条件。

考核、飞检稽查、待运行期审查、维修养护项目实施以及江苏南水北调工程现场处处都有黄富佳忙碌的身影。虽然工程管理没有什么轰轰烈烈的大事，都是千千万万件小事，但是黄富佳依旧踏实认真干好眼前的每一项工作。"功夫不负有心人""细微之处见真功"，经过这些工作的磨炼，黄富佳的专业能力有了显著提升，工作能力、业务水平多次得到省内外专家的认可和好评。黄富佳所在团队在原国务院南水北调办公室2014年度考核中因"工程建设资金管理和工程运行管理工作成绩突出"被评为优秀等次，2015年6月，在原国务院南水北调办公室组织的南水北调工程运行管理工作会暨现场观摩会上，原国务院南水北调办副主任张野高度评价了江苏南水北调运行管理取得的成绩，要求南水北调其他项目法人认真学习"江苏经验"，这既是对江苏水源公司运行管理工作的肯定，也是对黄富佳所在工程管理团队的嘉奖。

敢于作为　谱写改革创新"新篇章"

泵站是耗电大户，江苏南水北调工程14座泵站每年电费少则几千万元，多则上亿元。如何为公司的泵站节省电费、实现工程降本增效一直是黄富佳思考的问题。黄富佳主动研究电力体制改革相关政策，2015年发现"电力直接交易"这种新的供电模式，即"发电企业向大用户直接供电，直供电的价格由发电企业与用户协商确定"。结合公司实际钻研"电力直接交易"申请条件和要求，多次与省物价局、省经信委、省电力公司等单位联系对接，积极争取成为"电力直接交易"大用户。有志者事竟成,在2016年12月中旬,江苏水源公司直购电大用户申请通过省经信委审核,江苏水源公司和京沪高速、中国移动江苏有限公司、中国石化管道储运有限公司、华为软件技术有限公司等企业一起成为江苏2017年度"电力直接交易"新用户。直购电电价比正常的上网电价优惠约0.02元/(千瓦·时)。2017年至今,"电力直接交易"这项政策持续为公司节省电费400余万元,公司真正获得了实惠。

黄富佳通过分析发现,当时水利部、水利厅尚未出台水闸泵站等水利工程标志标牌管理规范,与电力、交通、消防、能源等其他行业还存在着较大差距。黄富佳积极向省市场监督局、省水利厅申报江苏地方标准《水闸泵站标志标牌规范》,并成功获批。实施阶段,调查研究发现问题是首要工作,黄富佳与烈日较量,与高温抗衡,奔赴省内大型泵站水闸工程一线,终于摸清了标志标牌存在问题及相关需求,系统全面地提出了针对水闸泵站工程标志标牌分类、设置、安装、管理等要求,给出示例图45个,安全标志六大类68个。2020年8月14日,江苏地方标准《水闸泵站标志标牌规范》正式实施,对加快推进水闸、泵站工程"标准化、规范化、精细化和信息化"具有重要意义。

自20世纪80年代开始,日本企业就提出了"5S"精细化管理理念,引入国内后增加了"安全(SAFETY)",就形成了现在的"6S"管理。"6S"管理理念和行为的推广在一定程度上促进了企业高效、健康、安全发展,那么"6S"如何在水利工程管理上推广应用呢?黄富佳在调度运行中心副主任莫兆祥的带领下,提出了"8S"标准化体系,着力解决基础管理工作不够扎实,管理制度、资料、标识等不统一,各项管理流程尚未建立等问题,在江苏南水北调工程中成功试点实施。同时,在加强"8S"标准化体系的推广应用上,江苏水源公司成功中标杭州三堡排涝工程标准化管理技术服务项目,黄富佳作为重要骨干,细化分工,编制项目实施方案,有序推进三堡项目,"8S"标准化体系在杭州生根发芽,三堡工程成为浙江省内首座通过省级标准化管理验收的大型泵站工程,被评为2016年标准化创建"典型工程"。在全面总结、精炼现有管理经验的基础上,"8S"标准化体系已优化为"10S"标准化体系,《南水北调后续工程高质量发展·大型泵站标准化管理系列丛书》也在河海大学出版社正式出版。

"胸有凌云志,无高不可攀",黄富佳的志向是江苏水源公司科技研发实力走在南水北调系统前列,参与江苏南水北调工程优化调度运行研究,参与泵站信息管理系统研发,参与泵站运行的感知报警系统及感知报警方法研究。黄富佳参与的科研项目数不胜数,调度运行管理应用软件系统获江苏省优秀水资源成果特等奖,水闸泵站标志标牌规范编制及应用获江苏省水利科技进步三等奖。他在江苏南水北调工程这片热土上挥洒青春的汗水,一步一个脚印,书写着自己的精彩人生。正如周杰伦的歌《蜗牛》里面唱的:"我要一步一步往上爬,等待阳光静静看着它的脸,小小的天,有大大的梦想,重重的壳裹着轻轻的仰望……"

积极进取　书写智慧水源"新画卷"

随着信息通信新技术的飞速发展,江苏南水北调工程管理模式也面临信息化、数字化、智能化水平还不高等问题。2020年,黄富佳正式加入调度运行管理系统建设,全身心投入相关应用系统开发和建设中。调度运行管理系统是江苏南水北调40个设计单元中最后一个设计单元,是江苏南水北调工程调度运行的中枢和大脑,是保证工程安全高效运行和科学调度的核心和关键,要利用"云大物移智"等技术,实现江苏南水北调工程"远程控制、智能管理"目标,逐步建立人员精简、节能增效、技术先进、运行可靠的现代化水利工程管理模式。

黄富佳并非信息化相关专业科班出身,一开始他对云、物联网、大数据一窍不通,很多时候都有"书到用时方恨少""心有余而力不足"的感慨。因此他格外注重专业知识的学习,积极参加各类论坛、调研学习,与省交通控股、阿里云、华为、科大讯飞等信息化一流企业交流技术,拓展思路,取长补短,不断提升信息化建设本领。江苏南水北调信息化建设比其他南水北调工程起步晚,调度运行系统建设依然坚持规划先行,黄富佳参与了《江苏水源公司信息化建设规划纲要》的编制,研究分析在公司一级统筹推进信息化的必要性、可行性和紧迫性,提出信息化的顶层设计框架、总体思路、发展原则和实施路径等,提出信息化"1156"总体架构,为公司信息化建设指明了方向。

为推动江苏南水北调工程"标准化+信息化"管理,为调度运行系统建设储备力量、积累经验,黄富佳来到了洪泽湖边的洪泽站锻炼学习。他积极参与工程监控与视频监视系统洪泽站试点工程,明确了系统的建设目标,梳理本行业泵站工程易发生的故障类型,形成泵站的故障库;参与建立振动监测分析、网络通信、故障诊断应用、APP信息发布等系统,实现对设备的实时在线状态监测和基于模型的分析评价、在线故障诊断。系统在洪泽站运行过程中发挥重要作用,曾多次提前发出预警和报警,提醒运行人员迅速采取措施,有效避免了事故发生和扩大。

2021年是调度运行管理系统历经十年建设的收官之年,项目痛点、难点、焦点都留在了最后一年，水利部明确当年12月31日必须全部完成建设任务。黄富佳作为调度运行管理系统建设处工程科科长，主要承担调度运行系统的统筹协调、工程监控与视频监视、监控安全应用软件、调度运行管理应用软件系统及江苏集中控制中心建设任务。面对建设管理时间紧、任务重、协调难度大等问题，黄富佳舍小家、为大家，具备始终务实担当的责任感、只争朝夕的紧迫感，敢干实干快干会干，以奔跑者的姿态层层推进调度系统建设，充分发挥"5+2、白加黑"拼搏精神，每天早上来得最早、晚上走得最晚，主动放弃节假日与家人团聚的时间，经常挑灯夜战，为系统功能对接研究到深夜，始终以饱满的工作热情和忘我的工作态度参与建设，主动协调业务部门需求对接30余次，组织召开周例会、项目推进会、方案讨论会等近200余次，将影响项目建设的问题、难点逐个攻破，调度运行管理系统按期完成项目法人验收、技术性初验和完工验收，为江苏南水北调工程建设画上圆满的句号。

黄富佳参与江苏集控中心建设，参与远控集控系统页面设计、流程梳理、权限分配，在南京调度中心带领团队完成了14座泵站远程集中控制测试，实现了大型泵站"111"远程控制，全面实现大型调水泵站群现地单站控制向远程集中控制转变，操控时间由小时级缩短至秒级。深度参与应用软件系统需求调研和深化设计，组织对工程管理系统界面、流程和表单进行优化，运用GIS+BIM+倾斜摄影等新技术开发三维可视化系统，结合南水北调实际需求，开发8种视频AI算法，使得传统管理向数字化管理转变，推动业务管理智能化。参与开发6个模型和7个子系统的智能调度运行管理应用软件系统，与省水利厅数据及一张图实现互联互通，人工经验调度向智能模型驱动转变，为江苏南水北调智慧决策调度运行管理提供支撑。

调度运行管理系统于2022年1月建成，经省外调水、省内抗旱多次实战检验，安全稳定运行。智能调度系统从2007家国有企业推荐的3277个参赛场景中脱颖而出，获评国务院国资委首届"国企数字场景创新专业赛"一等奖；智能调度系统获评"2021年度智慧江苏十大标志性工程和重点工程"，建设成果成为江苏标杆；《水利工程企业基于数字孪生的泵站工程标准化数字化运行管理》

荣获江苏省企业管理现代化创新成果一等奖；南水北调东线工程云平台建设和系统上云实践入围2022年度运管和云网优秀案例。成果被中央电视台《焦点访谈》《寻访中国传奇》报道，对推进智慧水利建设具有重要意义。

缘定河海　追忆似水年华

黄富佳高中就读于湖北省宜昌市夷陵区东湖高级中学，在高考填报志愿时，大部分同学都优先选择了湖北省内的高校，但机缘巧合下，黄富佳向一位刚好就读于河海大学的学长了解了河海大学，于是果断做出了选择，他说："南京作为六朝古都、十朝都会，深厚的历史底蕴深深吸引了我。河海作为'211'高校，拥有深厚的办学历史，水利学科特色和影响力同样深深吸引了我。当时的第一志愿就选择报了河海大学，被录取后激动和兴奋的感觉终生难忘。"

黄富佳本科就读于热能与动力工程专业，所学的专业课多，涵盖水利、机械、电气等多方面，他学习非常刻苦，经常学到深夜，每天晚上回宿舍的路上高兴而又知足。苦心人天不负，英语四级、六级、计算机二级、三级全部一次性通过，大四时黄富佳被顺利保送为河海大学水利工程专业研究生。

研究生期间，他的主攻方向是流体机械、泵站模型试验，在校时就接触到南水北调工程，先后参与泗阳站、皂河二站、刘老涧二站等泵站模型试验。不论寒冬腊月,还是盛夏酷暑,从模型制作安装调试,到试验前的各种准备工作,试验中的性能试验、汽蚀试验、飞逸特性试验,黄富佳总是脚踏实地,认真负责,为南水北调工程优选了叶轮,提升了泵站运行效率。

学业之余,黄富佳还是一名山地车爱好者,大学参加了"河海逐风自行车协会",研究生时期担任"河海户外运动协会"副会长,在大学里认识了一帮同样热爱骑山地车的朋友,一起用车轮丈量祖国的大好河山。同时,黄富佳还特别喜欢爬坡,微博名字就是"爱爬坡的小黄",爬坡虽苦,但是黄富佳很喜欢这种大汗淋漓的感觉,这也铸就了黄富佳知难而上、不畏艰险及勇挑重担的优秀品格,在校时他先后获得了南京大学生紫金山爬坡赛第五名及团队第一名的好成绩。

毕业以后黄富佳本来可以去华东勘测设计研究院、上海勘测设计研究院等单位工作,但他毅然决然选择了南水北调这项世纪工程,选择了南京这座让他眷恋的城市。在工作之余,他时常回到母校走一走、看一看,与老同学坐一坐、聊一聊,回忆那些年的青葱岁月。

《钢铁是怎样炼成的》中保尔·柯察金说:"人的一生,应当这样度过:当他回首往事时,不因虚度年华而悔恨,也不因碌碌无为而羞愧;这样在他临死的时候,他就能够说:我已经把我的整个生命和全部精力,都献给了这个世界上最壮丽的事业——为了人类的解放而斗争。"黄富佳说,他愿意为了南水北调事业而奋斗终生⋯⋯

(作　者:周佳颖)

躬身于水利，服务于社会
——记水工结构工程专业2009届博士生校友崔皓东

个人简介

崔皓东，男，1976年生，中共党员，正高级工程师，硕士生导师。2009年博士毕业于河海大学水利水电学院水工结构工程专业。现任长江水利委员会长江科学院土工研究所副所长。长期从事水利水电等相关领域岩土工程渗流场特性及控制理论、地下水复杂渗流模拟和试验等研究。先后主持及参与完成国家自然科学基金项目3项、国家科技支撑计划项目3项，其他省部级公益性项目7项；主持及参与了南水北调工程、滇中引水工程、乌东德水电站、锦屏二级水电站、旭龙水电站、小南海水电站、湘河水利枢纽、广东阳江核电及缅甸其培、秘鲁圣佳旺、巴基斯坦卡洛特水电站等国内外重点大型水电及能源工程科研课题40余项。获中国岩石力学与工程学会自然科学一等奖1项和进步奖一等奖1项，出版专著3部（含参编2部），在《水利学报》《岩土工程学报》等发表学术论文30余篇，参编行业规程2部，获国家专利8项，软件著作权4项，编写科学研究报告40余份。多次获得长江科学院优秀职工、优秀共产党员称号。获长江委2018年度"两江"堰塞湖处置暨防汛抗旱工作先进个人，2020年长江委防洪抢险先进个人，2021年全国水旱灾害防御工作先进个人称号等荣誉。兼任中国大坝工程学会库坝渗流专业委员会专委会副主任委员。河海大学、武汉理工大学硕士研究生兼职导师。

1952年深秋，新中国成立后毛主席第一次出京考察，他站在雄伟壮阔的黄河边上，提出了一个伟大的设想："南方水多，北方水少，如有可能，借点水来也是可以的。"从此八方群英聚集一方，前赴后继决战三千里渠道，南水北调工程

得以诞生。无数河海人躬身于此,将青春献给祖国,书写了一个又一个治水兴邦的奋斗故事。

早在博士期间便在导师的带领下参与南水北调东线工程的崔皓东,在毕业后扎根在武汉,从一名基层水利工作者逐渐成长为独当一面的水利工程师。他曾为自己生逢其时、毕业即赶上南水北调工程建设而感到幸运:"正好碰上这样伟大的工程,对于我来说,是一个锻炼的机会。"

风雨兼程,攻坚克难

崔皓东在博士期间曾参与淮四泵站、淮三泵站、台山泵站等南水北调东线工程项目,学成后,他来到武汉长江水利委员会,"无缝衔接"继续投身于南水北调工程等水利工程建设。刚工作时,他正好碰上一个大型水利工程:配合长江设计院,负责长约210千米的一段工程所有的渗控设计、渗控复合及优化。在此期间,崔皓东意识到了博士学习阶段与工作阶段做工程极为不同。博士期间,他的任务主要以帮忙打下手为主,对于工程的整体概念以及安全、经济包括与业主的沟通是从未接触和考虑过的。而正式工作之后,作为工程项目负责人,他需要全方面考虑工程建设,跟进每一个项目,进行项目洽谈,与业主沟通,等等。为适应这种身份的转换,从2009年以来的4年里,崔皓东从未懈怠过,"要在高压艰苦的环境下磨砺意志",他几乎将全部时间都投入在工作当中,熬通宵、周末加班等等都是常态,但他仍然毫无怨言,踏实做事,坚持利用空余时间熟悉工作和工程项目。同时,他还经常向公司前辈请教问题,不断总结项目经验,提升工作素养。

在十几年的水利工程建设中,令崔皓东印象最深的是参加南水北调工程的工作经历。整个南水北调工程沿线渠道分为三种类型:挖式、填式以及半挖半填式。"而难点就在于挖方渠道导致的地下水渗水问题。"挖方渠道使得渠道外侧存在积水,这将导致一个问题——地下水位高于渠水位。而在南水北调工程中使用的冲击板只有大约8厘米厚,过高的水压差将会导致冲击板浮起或破坏。崔皓东说:"解决这个难题,关键在于渗流措施的设计和建

设。"崔皓东和团队多次商酌和修改方案之后,项目对渠道配置采用了逆置阀,即一种单向排水阀门。逆置阀安装在渠底上,使渠道内水不会流失,若强降雨等现象使地下水水位增高,渠底冲击板下的水将会通过阀门进入渠道内,起到一个减压作用。

然而,难题接踵而来,若是减压工作做不好,非刚性接触的冲击板也将被破坏。据崔皓东描述,冲击板上下压力差超过11~15厘米时,板子将会浮起。这项看似简单实则复杂的工程项目以及高要求的水压差控制,对于渗控设施的设计、布置、施工的要求都非常高。为此,踏实稳重的崔皓东不惧难题,每天坚守在工作岗位上,夜以继日沉浸在渗控设计复核的世界里,终于,关关难过关关过,在他与他带领的团队的不懈努力下,该工程的渗控设施得以建成和优化。

踏实谦逊,服务社会

当聊到工作这么多年来最骄傲自豪的成就时,崔皓东自豪地笑着说:"让我自豪的就是有机会参与这些重大的工程,以及我能为这些工程做出一些力所能及的服务和贡献,这才是对于水利人来说,最有价值,也是最值得骄傲的地方。"冥冥之中选择了水利,并顺其自然地深入研习,崔皓东认为从最初踏上水利之路,到如今参与各项水利工程都是他的幸运。

由于工作要与水利工程的各个项目打交道,项目加班和出差对于崔皓东来说是"家常便饭"。谈及家庭,他的眼里流露出的是愧疚和感激。作为一名水利人,既然要躬身于水利,就必然会牺牲许多个人时间,工作的"身不由己"让他没有太多时间陪伴家人和孩子,这对于崔皓东来说是内心愧疚但又"无可奈何"的事情,他还开玩笑地说道:"我这一生有两个老婆,一个是爱人,一个是长江水利委员会。"虽是如此,家人们还是对他的水利事业给予了最大程度的支持和理解,这让崔皓东感到无比的感激和温暖。在工作的旅程中,不管是家人、老师、同事还是项目中认识的伙伴,崔皓东对每一位给予帮助的人都心怀感恩,他们激励着崔皓东在水利的康庄大道上不断前行,给予他温暖又坚定的力量,让他矢志不渝投身水利,服务社会。

如果说要选一个词语作为崔皓东的人生代言词,那无疑是"踏实"二字。无论是学生时代,还是工作阶段,崔皓东始终遵从着"踏踏实实做事,勤勤恳恳做人"的人生信条。"我认为我们做一件事就要踏踏实实,问心无愧,能够服务于社会,服务于人民,这才是我们水利人或者工程人的价值所在。" 在平时,他经

常参与防汛抢险,也致力于调研社会。所谓名与利,在崔皓东看来不过尔尔。能够利用专业知识解决问题,学有所用地直接服务于社会,才是他所追求的。每一个时代的人都肩负着不同的责任和任务,有的事情很伟大,有的事情很小很平凡。崔皓东在最好的时间里做着最踏实的事情,利用所学的知识躬身于水利事业,尽心尽力服务于人民和社会,始终踏踏实实做事,勤勤恳恳做人。

沉淀在河海,扎根于水利

　　崔皓东从本科开始学习水利,一直遨游在知识海洋里,沉浸在水利世界中。在结束硕士学习后,他来到河海大学继续研习,沉淀自己。

　　谈及在河海4年的博士生活,崔皓东最先提起的是他的博士生导师——朱跃平老师。他说:"朱老师对每件事、每个学生的要求都非常严格。报告交到他手上,连个逗号不对都要改。很多人都不太理解他的严格,但这正是他严谨的治学态度。"刚入学时,早已学习水利多年的崔皓东碰到一个难题:怎样才能将课本上的公式转变为解决工程的有力工具呢?朱老师知道他的困惑后,耐心认真地回答了他的疑惑,并细致地告诉学生应该怎么做,钻研谁的书,等等。说到这里,崔皓东目光满是感激和怀念,他说:"朱老师就像一座桥,一座架起了理论和实践的桥。"4年里,朱跃平老师就像是一盏明灯,为崔皓东在学术和生活上指引了前进的方向。

学有所获,是崔皓东对自己在河海学习生活的评价。博士期间,他将提高编程能力提上日程,重新拾起 Fortran、张量分析等知识和技能的学习。他谦逊地说道:"在河海学习时,成绩好不好说不上,学习态度还是很认真的。为了重新捡起编程和课本知识,程序书上的每个字符我都敲过,课本上的每个方程我都计算过。"为将课本中的原理和公式转变成程序解决实际问题,他花了整整两年时间,连春节也没有回家与亲人相聚。2008 那年冬天,雪很大,宿舍里没有暖气,他裹着被子坐在床上,不分昼夜地与困难作斗争,想要编写出真正意义上跨越理论、应用于实际的程序。"那时候其实是很困惑的,但是当这个程序编写完成,那种成就感让我觉得一切付出都值得。"崔皓东如是说道。而这段程序,也真真正正地应用于解决他工作以来大部分的渗流设计问题,经过无数项目的验证,至今仍在解决工程问题上起着立竿见影的作用。

聊到在河海的生活,崔皓东形容它是"枯燥"的。每天三点一线,除了吃饭和睡觉,其他时间他都花在了芝纶馆后的三层小楼里,和同一课题组的伙伴们一起坐"冷板凳",扎根于水利科研项目。"当时其实没别的想法,就是专心想把事情做好。"如此简单朴素的一句话,却反映了崔皓东一心一意投身于水利的决心和毅力。而在那座三层小楼上,也走出了不少和崔皓东一样优秀的水利人才。

"河海是个蛮锻炼人的地方。"回忆到此,崔皓东眼中泛起追思和暖意。河海老师的谆谆教导时常在他耳边响起;"艰苦朴素、实事求是、严格要求、勇于探索"的河海校训更是被他牢记心中;河海水利人脚踏实地、实事求是的精神时刻鼓舞着他;在河海的学习和经历,也更坚定了他成为一名优秀水利人的想法。

"必须不驰于空想、不骛于虚声,一步一个脚印,踏踏实实干好工作。"党的十八大以来,习近平总书记多次强调"空谈误国,实干兴邦",号召全党要求真务实、创业实干、久久为功,勉励各级干部"谋事要实、创业要实、做人要实"。每一项事业,不论大小,都是靠脚踏实地、一步一个脚印干出来的。正是有许许多多像崔皓东这样踏实认真地做好每一项工作,矢志不渝地坚守在治水兴邦岗位上的水利人,才有如今江河安澜、岁月静好,才有南水北调纵贯中华大地,如同长江、黄河一般滋养着华夏儿女生生不息,承载着实现中华民族伟大复兴的中国梦奋勇向前!

(作　者:姚颖诗)

已识"江湖"大，犹念"河海"情
——记陆地水文专业 1989 届本科生校友樊旭

个人简介

樊旭，男，1967 年 10 月生，正高级工程师，1989 年毕业于河海大学水文系陆地水文专业，本科学历，中共党员，现任江苏省江都水利工程管理处水文站站长。

自 1989 年参加工作以来，主要从事河湖管理与保护、工程管理、水文测报等工作。主持和主要参与"基于生态文明理念的高邮湖管理与保护研究""河湖流域协同管理关键技术研究与应用""里运河水生态监测研究"等省重点水利科技项目 6 项，"江苏省高邮湖邵伯湖水生态监测""基于 WebGIS 的高邮湖及京杭运河管理与保护地理信息系统"等科研项目 4 项；参与《江苏省湖泊管理条例》立法调研；参与编制江苏省地方标准《水闸工程管理规程》(DB32/T 3259—2017)、《水闸监控系统检测规范》(DB32/T 3623—2019)；获省水利科技进步奖 3 项，专利 6 项，发表专业论文 20 余篇。

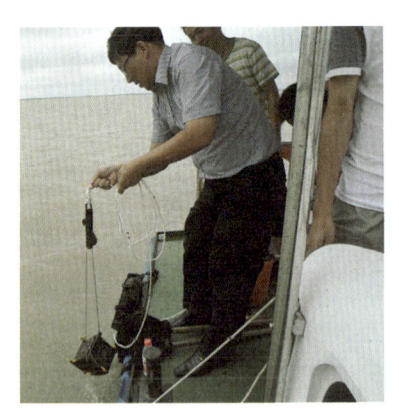

长江水自江都水利枢纽一路北上，途经江苏、山东、河北三省，流过 1000 多千米的路程，滋润良田千顷，福泽百姓万家。南水北调东线工程有效地缓解了苏北的干旱问题，为山东、天津送去农业、工业用水，解决了制约北方经济发展的缺水问题，促进北方的经济繁荣。

江都水利枢纽位于京杭大运河、新通扬运河和芒稻河的交汇处，联通长江、京杭大运河、淮河和里下河，是南水北调工程东线工程的源头，被誉为"江淮明珠"。这是目前我国规模最大的电力排灌工程、亚洲最大的泵站群。

习近平总书记在 2020 年 11 月 13 日考察江都水利枢纽并发表重要讲话，

对江都水利枢纽给予了高度评价。樊旭自1989年到江都水利枢纽参加工作以来,曾参与工程运行总调度、水行政执法、水权确定、管理范围划定等工作,为南水北调东线工程的安全运行做出杰出的贡献;2008年他调任湖泊管理科科长后,率先践行《江苏省湖泊保护条例》,打开湖泊管理新局面,其带头治理的高邮湖、邵伯湖成为幸福河湖建设的典范,深入贯彻落实习近平生态文明思想,牢固树立和践行"绿水青山就是金山银山"的理念。

江畔观水

1989年樊旭从河海大学毕业后,作出了到江都水利枢纽工作的决定。当时江都的主城区在城北,而樊旭即将工作的地方在荒芜的南郊。他从老家姜堰乘公共汽车抵达江都,然后在公共汽车站花5元钱租了一架板车,将所有的行李放在板车上,在夏季的炎炎烈日下拖着板车往单位走,走一段路就要停下来歇一歇,汗水浸透他的衣服。樊旭与水结缘的职业生涯就这样开始了。

来到江都水利枢纽后,樊旭被分配到距离枢纽本部十几公里的宜陵闸管理所。宜陵闸共有13个闸孔,属节制闸,用于控制新通扬运河的水位,担负着里下河及其周边地区的防洪、灌溉、通航和提供工农业用水的任务。可宜陵闸当时不仅地处偏远,而且生活条件十分简陋,甚至连食堂和像样的床铺都没有。初到宜陵闸的樊旭不仅要自起炉灶烧菜做饭,还要睡在由木板与长凳搭成的简易床铺上。"老鼠、苍蝇肯定是有的,蚊子尤其多。"樊旭用蚊香对抗夏日的蚊虫,一到夜里他的房间便是烟雾缭绕。樊旭是到宜陵闸管理所工作的第一个大学生,他说:"当时情绪是有的。"他毕业于水利高等学府河海大学,脑袋里装着许多"高深"的水文专业知识,但是他觉得这些知识都好像没了用武之地。每天的工作仅仅是在江畔观测水位、测流速、测流量,这是水利行业最简单、最基础的工作,普通人稍加培训便可以胜任。出身农村的樊旭不怕吃苦,他很快从消极的情绪里走出来。即使是最枯燥的工作他也坚决认真严谨地完成,坚守在防汛抗旱的第一线,为工程运行决策提供准确的数据资料,不出任何差错。"农村人无所谓,慢慢磨嘛。"樊旭这样形容他当时的心态。

在宜陵闸管理所锻炼了3年后,樊旭积累了一定的工作经验,于1992年被调回江都水利枢纽本部参与枢纽的确权划界工作。测量工作常常要从白天进行到天黑,樊旭与同事们用打火机照亮测量仪器、读数,归来时衣服上的汗水已经蒸发，留下白色的盐霜。

樊旭谈起他在工程管理科负责工程运行总调度时充满自豪："整个江都水利枢纽的每一个工程的运行都需要我们这边来下指令，在我负责期间，安全无事故。"樊旭需要考虑到上下游所有区域的水情、雨情，需要百般周密地调度，不容许有任何疏漏。江都水利枢纽在他的合理调度下充分地发挥了防汛、抗旱、通航等功能，为上下游及周边地区的经济社会发展做出了贡献。然而成绩的背后是不为人知的艰辛，在他负责总调度期间，上级下达指令或是下属请求指示的电话常常在半夜打来，樊旭要做到电话不离人。电话铃声在深夜响起时会惊醒酣睡在他身旁的年仅三四岁的孩子，面对这样两难的境地，樊旭想出一个"聪明"的办法——用棉被捂住电话以减小铃声。樊旭就是这样，始终不忘尽到一名水利人的责任。

上善若水

樊旭于 2008 年调任湖泊管理科科长后，他的职业生涯迎来一个全新的阶段。在推行《江苏省湖泊保护条例》之前，湖泊的管理与保护工作并没有得到水利部门的完全介入。樊旭参与到高邮湖、邵伯湖的管理与保护工作后，亲自乘船入湖推行湖泊保护范围划定和标识化管理。他将标识化管理比作宣示主权，"不到场不行的"。樊旭一行人进湖的那一天，湖面上笼罩着大雾，他们的船一直往前开，驶入当地人都不敢轻易涉足的、时常会刮龙卷风的湖区深处。"当时天不怕地不怕，无知者无畏，现在想想是有些后怕的。"这并不是樊旭唯一一次乘船进湖，正是多次不顾个人安危的实地考察，加上常年积累的遥感、水生态、湖流三大监测资料，让樊旭得出了一个结论：未经开发的湖泊是最健康的湖泊。

湖泊作为面状水体，相较于河流需要考虑到的问题就更多了。樊旭面对这样全新而又复杂的问题没有畏难，他甚至将问题解决得很好，提出了许多开创性的观点，取得了许多创新性的成果，打破了圈内学者对湖泊管理的成见。他率先践行《江苏省湖泊保护条例》，制定湖泊保护规划，并从他上任湖泊管理科科长以来一直沿用至今；提出湖泊管理考核办法，对地方湖泊管理机构作出监管；与河海大学刘俊教授一起以高邮湖为例，提出定量认定湖泊功能的隶属度评价方法，供其他湖泊管理参考；他还提出湖泊信息化管理、数字化湖泊等理念。他对自己及其所在的湖泊管理科提出的要求是：每年都要有创新。

由樊旭参与建设的WebGIS湖泊巡查管理系统已经应用于里下河流域和洪泽湖；由他率先提出的"零违章"管理理念应用于高邮湖、邵伯湖，将高邮湖、邵伯湖建设成为幸福河湖建设的典范。高邮湖、邵伯湖的管理方式也从以前的粗放式管理变为今日的精细化管理。邵伯湖曾有9900亩网箱圈养面积，现在湖面上连一面网也见不到了。上善若水，水善利万物而不争。在樊旭的湖泊管理理念的指导下，高邮湖、邵伯湖回归到人与自然和谐相处的状态，鱼翔浅底，万类自由，是生态文明建设的典范。

已是知命之年的樊旭没有玩手机、电脑的习惯，甚至在论文和专著的写作过程中，他也坚持用纸笔写作，写完并修改完后，再从稿纸上誊写到电子文档中。写作一部学术专著通常需要化三五年的时间，积攒下的稿纸足有一柞厚。樊旭平时会随身携带一本笔记本，将看到的有意义的文字写下来，他认为这样的做法对他的科研写作是有意义的，每次打开笔记都会有新的收获。

樊旭在1999年成为部门领导后，对队伍里后辈的教导身教多于言传。江都水利枢纽是一个基于人才的品牌单位，省水利厅对江都水利枢纽给予高度评价。因此单位的每个部门、每个关口都需要足够优秀。樊旭在工作科研的过程中会用极高的标准要求自己，他的细致、严谨、勤奋和对科研的耐心传承自河海精神，传承自老一辈基层水利工作者。他的这些品质也潜移默化地影响着他所领导的部门，影响着他的后辈。"我有一个徒弟叫周洁，获得过'五一'奖。有一次她向省水利厅提交了一份报告，一个字都不需要改动，厅长高度称赞，将这份报告在厅里传阅。"樊旭的语气充满自豪。与水打了半辈子交道的樊旭身上也逐渐有了水的特质，润物无声。长江后浪推前浪，樊旭扮演着前浪的角色，为水利系统培养了一批优秀的年轻水利工作者。

中流击水

樊旭是华东水利学院恢复河海大学老校名后的第一届新生。他到学校报到的情形与工作后到江都水利枢纽单位报到的情形类似——他下了公共汽车后用一根扁担挑着行李走进河海大学的校门，开启了多姿多彩、让他受益终身的大学生活。

樊旭的宿舍里有3个南方人和3个北方人，"开玩笑讲，我们就是互相看不上"。北方人讲普通话，而生长于南方的樊旭不习惯讲普通话，有时他用方言讲一句"洗衣服"，来自北方的舍友听到他百转千回的语音语调，常常会捧腹大笑。尽管与同学们在语言、观念、性格等方面存在着巨大的差异，樊旭还是经常与他们一起参与文体活动，例如下围棋，或是以宿舍为单元的篮球比赛。樊旭说：

"我的同班同学遍布全国,无论到哪里出差都能联系到老同学。"他在大学4年中收获了珍贵的同窗情谊,如今回望那段日子,依然觉得那段时光是流光溢彩的。现就职于河海大学水文水资源学院的刘俊教授便是樊旭的舍友,他们现在仍然联系密切,有许多课题、项目上的合作,共同著有《江苏省典型湖泊管理研究》。樊旭回忆起与刘俊的同窗情谊,他称赞刘俊是学习上的佼佼者。4年的大学生活匆匆结束,毕业时与同窗分别的情形仍历历在目。"毕业时有位同学送了我一本《围棋入门》,他也爱好下棋,但是他没有坚持下去。"这本《围棋入门》樊旭珍藏至今,下围棋这一爱好也陪伴他至今。

樊旭在大学时代最自豪的一件事是到吴淞码头进行水文测验学实习。他与同学们要在船上度过十天十夜,测长江潮位、盐度、含沙量、流向……北方的同学不适应船只颠簸陆续上岸,而从小生长于水边、水性好的樊旭并不畏惧风浪。到第八天第九天的时候,江面上刮着十级的大风、起大雾,船上仅剩船老大与樊旭两人,船上的通信中断,就连生活补给船也不来了。在樊旭与船老人合力起锚时,他伏在甲板上才不至于被风吹进江里;在实习船开进宝钢码头避风时,大雾模糊了视线,实习船险些与港湾里的巨轮相撞。为期10天的实习只有樊旭一人全程坚持下来,上岸后樊旭与同学们执手欢笑,仿佛经历了一场生离死别,他们一起到海军招待所吃了一顿饱饭。樊旭在那次水文测验学实习中毫无疑问地获得了一个"优",并且获得114元作为实习的补贴,这对当时的樊旭来讲是一笔巨款,是他在学校里两个学期的生活费用。

幼年时期的樊旭经常从老家的河边一个猛子扎下去,练就了极好的水性,可在水中游千米。来到河海大学后,樊旭常常到食堂后的泳池里去游泳,在老师和同学们的帮助下慢慢地纠正了游泳的"土姿势"。如今,头发花白的樊旭说他最近在练蝶泳,他的一生注定是与水相伴、与水结缘的。

回忆当初选择河海大学,樊旭说当他在姜堰老家村庄的大圩边朗诵课文、准备高考时,他就对河海大学有了模糊的憧憬。他说:"我对力学比较感兴趣,知道河海大学有个徐芝纶院士。"所以他高考后的第一志愿填报了河海大学的力学专业,可不知为何被调剂到水文专业。樊旭心想,以后就要到山沟里去看水位测流量,那样的日子必然辛苦。但樊旭是随遇而安的,他将被调剂到水文专业视作他与水利事业的一种缘分,后来的日子里无论是多么辛苦、多么枯燥的工作他都一声不吭地咬牙坚持下来,慢慢地"磨",因为那些工作都是有益于祖国和人民的工作。

樊旭对水利事业的感情还可以继续往前追溯。当幼年的他在小学的课本上读到描写江都水利枢纽的课文时,他就被深深地震撼。课文中的句子时至今日他都能背诵出来:"江都第四排灌站泵站直径3米,人可在上面走。"那篇小学课文在他幼小的心中埋下了种子。如果让樊旭选出江都水利枢纽中感情最深的一项工程或建筑,樊旭说,他会毫不犹豫地选择泵站。

(作　者:王炳铿)

秉持初心奉春华，躬耕不辍待秋实
——记行政管理专业 2011 届硕士生校友颜蔚

个人简介

颜蔚，1985 年生人，河海大学 2011 届公共管理学院行政管理专业硕士毕业生，现任江苏省江都水利工程管理处水情教育中心副主任、处团委书记。

颜蔚出生在濒长江、襟淮河、临运河的三水交汇地扬州江都。水畔的故乡是她梦里萦绕的童年，是她选择河海大学的初心，也是她人生风帆的航向。毕业后回到家乡从事水利工作是研究生面试的时候被问及为什么选择水利行政管理专业的答案，也是水利青春诺言的践行。看着江都水利枢纽"黄金大道"的叶落叶飞，十年光阴年轮周而复始，一个河海人的青春绽放，一个青涩的女孩蜕变成长……

初心·青春寄情翰墨

江都水利枢纽是南水北调东线的源头，江苏江水北调工程的龙头，百年百项杰出土木工程。江都水利工程管理处更是蝉联 6 届的全国文明单位、全国先进基层党组织,颜蔚在这样的组织中感受到"燃"的力量。

无论是沉没在浩瀚简牍里清朝《淮扬水利图说》所绘的里下河地区一片汪洋图,还是留在1931年黑白照片里的那场骇人听闻的大水,拨开历史的阴霾,仿佛可以听见苏北这方土地痛不欲生的哀号,看见这片土地触目惊心的悲凉。翻开江都水利枢纽志,艰苦卓绝的奋斗岁月直击人心。在毛泽东主席"一定要把淮河修好"的号召下,周恩来总理的直接关心下,筚路蓝缕17年,新中国第一座中国人自主设计、制造、安装、管理的大型泵站群巍然屹立于世界东方。没有任何现成模式和经验可供借鉴,在党的带领下,江淮人民不等不靠,以创新创造的智慧和敢想敢试的勇气,缔造了排灌兼蓄的水利神话。在了解江都水利枢纽建管历史的过程中,颜蔚仿佛看见了水利前辈驰骋飞扬的青春在尘土中绽放着芬芳,用青春和血汗铸就起捍卫中国尊严的江淮奇迹。她的心灵震撼着,信仰的火苗在心底蔓延。

从事政工宣传的颜蔚,有幸在工作中接触到了多名从江都水利枢纽基层岗位上成长起来的全国劳动模范。"我记得我采访的第一位是'全国五一劳动奖章'获得者丁建兰,她是管理处目前唯一的女性劳模。她心里有一股不服输的劲儿,以工作实践备赛十载,获奖的时候已经42岁了。"采访丁建兰时,颜蔚心底升腾起一股由衷的感动。"我采访的第二位是全国泵站运行工技能大赛一等奖获得者金超,他低调务实,技术精湛,对生活充满热爱。"颜蔚

如数家珍般讲述采访的故事。"第三位张歆也是全国泵站运行工技能大赛一等奖获得者,他始终相信努力就会有收获,是信念成就了他。"颜蔚为自己能在这个优秀的集体里工作感到荣耀和荣幸。颜蔚笔下记录的那些关于付出、关于奋斗的故事在水利人心中熠熠生辉,激励着更多人。"是他们告诉我什么才是真正的优秀。"扎根10年,颜蔚也已褪去曾经的青涩模样,和这群可爱的人一起,以不计名利回报的赤子之心为水利事业贡献着自己的一份力量。颜蔚说,写了这么多采访稿,发现水利人都有着一种天然的质朴,做轰轰烈烈的事,做低调的人。身处这样一个优秀的集体,成为一个对水利事业有价值的人是她初心的召唤。10年间的每一步,颜蔚都走得扎扎实实、每一步都是自己成长路上最好的见证。

奋斗·勇敢拥抱成长

2017年12月,工作6年的颜蔚成为青年榜样,高票当选为处团委书记。青春理想和工作实践在身体力行中碰撞融合,寻找到了有力的平衡支点。颜蔚全心全意投入团务工作,带领青年团员青春向党,在岗位上建功。除了推进基层团组织"三会一课"、组织生活会、"双述双评""对标定级"等工作规范化、制度化工作外,她主动作为,创造性地丰富各类团结载体,将青年团员联结在一起。她组织开展"悦读修身·书香致远"长效化活动,广泛成立读书兴趣小组,开展"读书漂流""青春悦读""青年科技论坛"等活动。将传统民俗融入趣味活动,将传统文化融入实境教育,开展"端午·粽情一夏""中秋·难忘家乡味""古韵七夕·浪漫源头"等"我们的节日"系列活动,每年重阳节组织青年深入处家属区、敬老院等场所开展帮扶慰问活动,让青年团员厚植家国情怀,感悟中华文化,增强文化自信。她策划组织团员青年编排演出的节目《映像》斩获省水利厅"马克思主义·青年说"系列活动之"我读马列经典"党建沙龙一等奖。她担任团委书记期间,江都水利工程管理处团委获得江苏省"五四"红旗团委,站区团支部获得江苏省"五四"红旗团支部,万福闸管理所获得"全国青年文明号",江都水利枢纽科研设计研究所获得"全国青年文明号"。

在疫情防控的关键时期,她刚刚放完产假就投入防疫战役中,以身作则承担24小时值班的防疫志愿服务,组织青年团员参加社区防控流调、社区核酸检测、处区环境消杀、物资分配等工作,建立处家属区252户447人"一户一档"防控台账,个人累计志愿服务时长数352小时。也因此,团组织收到了地方政府、街道、社区发来的数十封感谢信。

她发挥水利青年优势，组织发动"源头·水云间"志愿服务项目，立足国情水情教育需要、河湖长制工作需要、人民日益增长的水生态文明需要，开展涉水保护行动和教育宣传，保护南水北调东线源头流域河湖资源，提高全社会节水护水意识。志愿服务活动面向流域内大中小学在校学生、城乡居民、水文化爱好者，立足处专业人才资源、设备、场所，以互联共享服务方式，紧扣水利专题，展示水利建设成效。依托江都水利枢纽防洪减灾阵地、国情水情学习园地、爱国主义教育基地、观光旅游胜地，树立源头项目品牌。活动被评为江苏省十佳青年志愿服务项目，江苏省青年志愿服务项目大赛（节水护水类）二等奖、第六届中国青年志愿服务项目大赛水利专项赛（节水护水志愿服务类）二等奖、第六届中国青年志愿服务项目大赛银奖。

收获·时间会给答案

多年的水利工作，让颜蔚对水利事业有着深刻体悟和情感共鸣。2016年底，单位筹建江都水利枢纽展览馆，她成为项目组的骨干成员，展馆建成前后历时2年，一帧帧照片的收集，一段段史料的整理，江都水利枢纽工程历史的鸿蒙在指尖翻阅，水利事业的吉光片羽被工作组系统地策划陈展。颜蔚沉浸在江苏水利历程的厚重档案里，内心似乎感受到了一种能量连接的共鸣。这样从来没有过的体悟，让她用心用情用力地撰写着展馆的每一段文字、排布着每一张图片，只为了能最完整、最完美地呈现。她独立完成了展览馆中《江都水利枢纽赋》《溯淮》等文稿的撰写，《江淮之都　因水而生　因水而兴》宣传片脚本的写作及策划，加班熬夜的每一天，颜蔚都忘我地工作着，她不仅要做水利发展历程的见证者、亲历者，更要做记录者。她说，如果风有年轮，那么三水交汇处的风也曾经吹拂过引河开挖时两岸的旌旗猎猎，正是60余年前，组织参与工程的党的领导干部、工程院士、水利工程师、水利学生、30万民工团的听风、逐风、乘风，才有了今天江都水利枢纽工程惠及千万人民生活的风生水起。

"专注于眼前事、手边事才能让自己的心安静，变得超然而踏实。你守着初心只管去做，时间自然会给你答案。"江都水利枢纽展览馆于2018年落成，如今成为江都水利枢纽到访者的必经之地。2020年11月13日，习近平总书记视察江苏，看长江、察运河、踏访江都水利枢纽，在江都水利枢纽习近平总书记考察了南水北调东线一期工程数据中心、江都第四抽水站、江都水利枢纽展览馆，并在江都水利枢纽展览馆前发表重要讲话。习近平总书记站在党和国家事业的战略全局和长远发展的高度，充分肯定了南水北调工程的重大意义，为推进南水北调后续工程高质量发展指明了道路，为生态环境保护和经济社会可持续发展擘画了蓝图。

南水北调清如许，国之重器保安澜。站在南水北调东线源头，颜蔚看着滔滔江水从"江淮明珠"江都水利枢纽起步，沿着古老的运河拾级北上。天然河道汇聚江苏水利智慧，为新时代大运河输水干道沿线的高质量发展注入了强劲水动能。哪里有水，哪里就有河海人。此情此景美美与共，颜蔚为之无比自豪、无比感动。

回忆起在河海求学的日子，颜蔚特别感谢恩师毛春梅老师："没有毛妈妈，就没有现在的我。"她亲切地称呼毛老师为毛妈妈。颜蔚说自己的心智相较同龄人略显不成熟，但毛老师很包容自己，在教授学问的同时也教给她很多为人处世的道理，从学习到生活甚至解决个人问题，毛老师如母亲般的关怀让颜蔚在河海感受到了如家一般的温暖，现在一想起河海的校园生活，毛老师的笑脸总是第一时间浮上心头。

采访末尾，窗外的漫天晚霞倒映在管理处波光粼粼的水面上，颜蔚的身影在窗外晚霞的映衬下,仿佛散发着无尽的力量。"从江苏江水北调工程到国家南水北调工程,在江都水利枢纽10年的工作经历让我体会到水利建设的发展具有实践性、时代性、创造性,感受到了水利工作者的价值追求和精神风范,这种精神由一代代水利工作者接力传承延续着,我也是他们中的一个。"

(作　者:汪　超)

"潘"越山海　江河安澜
——记水利水电专业1999届本科生校友潘江

个人简介

潘江，正高级工程师，1975年生于湖北，1995年进入河海大学，2002年硕士毕业于河海大学水利水电专业。毕业至今一直任职于长江设计集团枢纽院，现为枢纽院副院长，主要从事水工建筑物设计工作。曾作为主设人、专业负责人、项目副经理参加了南水北调中线工程、雄安调蓄库、重庆藻渡水库、云南丽江南瓜坪水库以及秘鲁圣加旺水电站等工程。曾获长江委优秀共产党员、长江委科技英才、长江委青年岗位能手、长江设计院优秀共产党员、经营突出贡献者等多项荣誉。

2014年12月12日，举世瞩目的南水北调中线工程正式通水，调借南方之水，解北方之渴，实现了"南北共饮一江水"的梦想。这一迄今为止世界上规模最大的调水工程，从论证到通水历经62年，先后有20万人参与工程建设，堪称中华民族治水史上波澜壮阔的一页。2002年毕业于河海大学的潘江，就是这项宏伟工程的建设者之一，他所带领的枢纽三室自2006年开始负责南水北调各阶段的设计工作，为南水北调中线工程的顺利通水付出了青春与汗水。

青年军"潘队长"

从2005年到2014年的9年里，潘江的主要工作几乎都围绕着南水北调的设计来展开，作为枢纽三室的技术负责人，他的设计工作包括陶岔至沙河南段大型河渠交叉建筑物、荥阳段24千米的渠道和穿漳设计等。每一个项目他都付出了心血,他说:"现在我能叫上名字的都有23座。"除此之外,南水北调工程的一些衍生项目包括宁西铁路交叉工程、河北青兰高速交叉渡槽工程设计、洺河渡槽加固和膨胀土研究与处理等一些重大设计变更项目也由他负责。

他负责的项目不光任务量大,而且面广线长、建筑物结构型式多样,极具挑战性。比如湍河渡槽、澧河渡槽和青兰高速渡槽等工程,均以不同形式开创了同类工程之最。其中,位于邓州市的湍河渡槽是世界上目前最大的"U"形渡槽工程,作为中线干线控制性工程,无论内径、单跨跨度、流量都是世界首例,其结构设计和施工难度均代表了当今输水建筑物的最高水平,也是国家科技支撑计划南水北调工程若干关键技术研究与应用项目"大流量预应力渡槽设计和施工技术研究"课题研究内容之一。

2010年,南水北调中线总干渠工程建设大面积启动,潘江负责的设计项目陆续开工,施工详图技术供应高峰年到来的同时,还伴随着大量现场技术服务工作。工期紧,图纸量大,现场问题复杂,他感受到了空前的压力。在他的回忆里,当时他和科室里一批年轻技术骨干长年驻扎在南阳现场日夜奋战。时间最紧张的时候,施工单位在他们住地的门口守着要图纸,在这样的形势下,他经常在深夜担心得辗转反侧,无法入睡。然而,当被问及当时是如何克服困难的,他却笑着说"咬咬牙就挺过去了"。

看似云淡风轻的一句话,却包含了多少付出与艰辛。自工程开工后,他长期坚守在工程一线,牺牲了大量与家人团聚的时间,有时甚至在武汉仅停留一天就奔赴现场。为保证工作能及时有序开展、工程能顺利实施,他对现场情况进行深入调查和研究后,在工程伊始就迅速制定了"以点带面、点面结合、流水作业"的工作计划。在现场,白天他不停歇地往返于工地与会场,晚上更是经常通宵达旦和大家讨论技术方案,为提高工作效率积极推广三维配筋软件的应用,较好地解决了图纸供应问题。此外,他还十分注重工作方法和设计质量,经常邀请前辈专家参与指导,组织现场人员进行技术交流,探讨如何处理现场问题,为保证工程服务质量奠定了良好基础。也正是因为认真严谨的工作态度和出色的领导能力,他被称为"青年军"的"潘队长"。在施工期间,他积极为工程实施献计献策,譬如渡槽工期紧,而桩基试验占据了直线工期,为解决矛盾,他反复研究地质资料后,配合业主提出了在桩基试验前加长工程桩的方法,同时推广自平衡法进行桩基载荷研究,减小了试验实施难度,节约了工期,这种方法在南水北调中线工程中得到了大力推广,受到参建单位的好评。

枢纽院"潘院长"

"我的父母都是建设葛洲坝的工人,他们都是搞水利的。"提起自己的父母,潘江的语气中透露着自豪。而正是因为父母的建议,在高考填报志愿时,潘江毫不犹豫地选择了水利行业。"我们家人都知道,要从事这个行业的话,河海是一个很不错的学校",他说道。本科毕业时,经过和家人的商量,他决定在专业上继续深造并选择在河海大学攻读硕士。回忆起校园生活,潘江用"平淡"二字来形容,和无数河海学子一样,按部就班地学习、生活、考试,而也正是在这段波澜不惊的光阴里,潘江渐渐成长为一名能力出众、专业过硬的优秀青年。

2002年,硕士毕业的潘江应聘到长江设计集团下属的枢纽处。他坦言,刚开始工作时自己也没有太多想法,领导安排工作他就去做。但随着工作经历的丰富,他越来越感受到了自己的成长,也越来越感受到责任的力量,他为进入这个单位、为从事这份工作而感到荣幸!更重要的是,通过和当地百姓的接触,他切身体会到自己的工作是有利于民生的,"作为水利工作者,能为国家做点事挺有成就感的",他笑着说。带着这种信念,在南水北调工程的建设中,他带领着枢纽三室的同事们披荆斩棘,创造了一项又一项令人称赞的成绩,至今枢纽三室已经为南水北调供图近5000张,项目设计质量和现场服务多次获得中线局赞扬和奖励,并以优良的设计和服务成效,赢得了上级部门的信任,此后陆续承担了众多中线工程重大设计变更项目,如宁西铁路交叉变更设计、河北青兰高速交叉工程设计、洺河渡槽加固设计等,为2013年南水北调中线总干渠全线贯通做出了突出的贡献。

2022年是潘江工作的第20年,在此期间,枢纽处改为枢纽院。而后,为适应南水北调工程的建设需求,又从枢纽院分出引调水院,专门处理南水北调的相关工作。许多曾经一起共事的同事,包括他刚入职时的"引路人",都投入引调水院的建设中,但潘江仍然留在枢纽院。20年岁月流转,他经历了从工程师到副院长的角色转变,不变的是他对这份工作的热忱与担当。

水之子"潘学长"

"水利行业不同于现在的许多高科技行业,要想干好这一行业,需要很长时间的工作积累。我们这个行业有个特点,你工作时间越长,经验就越丰富,你的个人价值可能就越高。"潘江说,他希望刚毕业的学生能多到现场进行实践、积累工作经验,这样更有利于个人能力的提高。另外,水利项目不同于其他工程,它往往是一个系统性的大型工程,这意味着单凭个人的力量是无法完成项目任务的,每一位水利工作者在工作中都承担着"螺丝钉"的角色,所以团队合作在工作中显得尤为重要。

身为河海校友,他希望河海学子在校期间注重自己的实践经验积累和交流能力培养,做到全面综合的发展,他也期望未来在长江水利委员会看到更多"水之子"的身影。在他看来,河海毕业的学生在专业能力方面都十分出色,这与河海大学的培养方式是紧密相关的,现在也有不少年轻的河海学子通过几年的奋斗,已经成长为部门骨干,甚至成为公司的中坚力量,带着河海精神为祖国的水利事业奉献着光和热。

心怀山河,玉汝于成。正是无数建设者的一张张画画改改的图纸,一个个失眠的夜晚,一滴滴在工地奔波时流淌的汗水,最终汇成南水北调这项千秋伟业。今天,由潘江领导设计的一座座水工建筑伫立在南水北调中线工程沿线,而他则带着自己不变的初心,步履不停地投入一个又一个新的项目中去。

(作　者:任瑞杰)

知行合一　守江河安澜
——记地理信息系统专业 2004 届本科生校友魏猛

个人简介

魏猛，长江水利委员会水文局长江中游水文勘测局技术管理室主任，高级工程师。参与工作以来，连续多年被中游水文局考核为优秀，多次获评优秀科级干部、优秀高级工程师等荣誉。曾获"长江委中游局技术比武河道勘测专业一等奖""湖北省五一劳动奖章""全国测绘地理信息行业优秀技能人才"等荣誉。魏猛长期在一线工作，完成了大量国家重点工程的测绘和水文测量项目，主持或参与了众多科研课题的研究，如作为技术负责人完成的"中卫-贵阳联络线（渝黔段）及支线管道工程"获湖北省优秀测绘工程一等奖。在核心刊物上发表科技论文十余篇，取得新型实用专利 2 项、软件著作权 7 项。

描绘江河　使命在肩

魏猛自 2004 年从河海大学地理信息系统专业毕业后，就一直从事着河道观测的工作。虽然已经毕业多年，但是他时刻保持着在校时虚心求学的态度，刻苦钻研业务，主持或参与了众多科研课题的研究，在河道观测、测绘方面精益求精，一路上不断学习、不断突破、不断进步，获得了令人瞩目的成绩。魏猛从 2004 年前往湖北武汉成为河道勘测中心的助理工程师开始，至 2019 年调到长江水利委员会水文局长江中游水文水资源勘测局的这 15 年间,基本上负责外业测量的工作,这不仅使他的专业理论基础得到了充分的巩固,还增强了他的外业工作能力。他具备过硬的技术,完成了大量国家重点工程的测绘和水文测量项目;他有着丰富的经验,熟悉水文及河道测绘相关的技术标准、规范。他连续多年被中游局考核为优秀,评为优秀科级干部、优秀高级工程师等。

"以前,其他单位的同事看到我们总喜欢开玩笑,说远远的看到我们还以为是哪里来的乞丐呢。"他略带笑意地说出这句话时,却藏不住眼里溢出的辛酸。从2004年进入工作岗位刚开始的那几年,他与团队的伙伴每天最常做的事情就是背着各种测量仪器到处跑。在地势平坦开阔的地方作业还比较方便,但若是中途遇到车辆行不通的羊肠小径,他们只能采取最原始的方式,扛起一架架沉重的测量仪器,一边要注意脚下坑坑洼洼的泥巴路,一边还要稳当地保护好这些被他们视若珍宝的全站仪等器材。纵使许多豆大的汗珠接二连三地挨着两鬓滑落,纵使黏湿的衣衫上沾满了尘土,纵使卷起的裤脚也没能逃过泥巴的洗礼,但这些都成为魏猛在那些艰苦岁月里熠熠闪光的珍贵记忆。"这个行业也许辛苦,但是同样也隐藏了许多惊喜。"他如是评价道。

如今魏猛入行已近20年,当谈到这个行业最大的变化时,他不假思索地说必须是新技术、新仪器的更新与应用。随着我国经济建设的不断发展,水文地质勘测技术也得到了极大地提高,这在一定程度上削减了他们河道测量的工作强度。如今,他们的工作已基本上实现了"无人机自由",航测代替了以往传统的测量方式,只需将那小小的无人机投放到待测量的地点,就能将相应的数据通过其软件系统传输到工作室,并大大提高了后期绘制三维模型的效率。无人机的投入是测量工作中的一大突破,在某些不方便测量人员进入的测区中,无人机也丝毫不受干扰,仍能正常实施测量,这与以前扛着仪器翻山越岭的日子相比,何尝不是测量人员的福音呢?同时魏猛坦言,虽然如今的测量工作投入了更多的高科技设备,工作看似更加轻松体面,但实则对测量人员的单兵作业能力要求更高了,这就需要技术人员努力提升自身综合素质,不断增强对高科技仪器设备的使用能力。

"近年来,大量的非接触式水文监测技术的投入使用,使我对水文行业未来的发展前途更加坚定了信心。"谈到对未来水文行业发展前景的看法,魏猛给予了肯定的答案,并给我们举了个关于测站的例子:以前长江水利委员会下辖着许多测站,为了能够及时、准确地获取监测数据,每个测站都需要有人驻守,其中有几个测站地处偏远,守站人常年过着与世隔绝的生活。"最折磨人的不是生活条件上的艰苦,而是心理上那份无止境的孤单。"他回忆起那些在当初看来仿佛暗无天日的日子时不禁感慨起来。但是令人欢欣的是,如今整个水文行业采取"驻群结合"的方式作业,不断地提高远程在线工作的比例,朝着实现"全要素、全自动、全量程"的目标稳步前进,得以真正达到"把人从测站中解放出来"的效果。

从业以来,魏猛一直以高标准要求自己,从不会因为已经获得他人眼中的"铁饭碗"而满足于现状,止步不前。在他看来,世界是进步着的,知识与技术从来不会一成不变,唯有不断学习、不断充实自己,才能适应时代变化的潮流,才能始终成为对社会、对祖国发展有用的人。无论过去、现在、未来,他永远怀抱着一颗最赤诚的心,用执着描绘祖国的江河湖海!

挑战竞赛 责任在心

工作之余,魏猛参加了许多专业知识和技能竞赛,都取得了令人称羡的成绩。自2004年参加工作开始,他就凭借着过硬的专业能力斩获了大大小小的奖项。2010年,"治理深圳河第四期工程测量"获湖北省优秀测绘工程一等奖;2013年,"东、南洞庭湖水下地形测量"获国家优秀测绘工程银奖⋯⋯无数的奖项背后,暗含着魏猛所付出的努力。

提起印象最深刻的一次竞赛,魏猛回想起了2015年参加的全国工程测量竞赛。作为长江中游水文水资源勘测局代表团的一员,魏猛既紧张又期待。"因为我们水文专业相较测绘专业的人来说比较边缘化,所以参加这类全国性的测绘竞赛是一次挑战。"在正式确定入选为湖北省代表单位之后,魏猛和团队成员便下定决心,一定要做出一番成绩。

而魏猛作为团队的核心成员,也承担着相对沉重的压力。入选为代表团队之后,水文局的领导班子非常重视这次竞赛,各个部门齐心协力帮助魏猛和团队成员准备即将到来的考验。"我们的团队意识非常强,从领导到相关主管部门,包括河道处等部门都为我们提供了许多便利措施和帮助,并且专门配备了许多专业老师和我们一同训练,帮助我们提高专业水平。"魏猛回忆当时的情形,似乎仍能感受到自己肩上的责任和当时紧张充实的氛围。"因为单位已经投入了较大的人力、物力,所以我和团队的同事都觉得如果不能取得好成绩,是一件带有遗憾和惭愧的事。这也是我们单位集体文化的一个体现。"

南北水调工程中的河海人

　　在团队中，魏猛因工作时间长、处理情况多、经验丰富，便经常帮助团队的其他成员解决问题，共同进步。训练的两个月里，每天的日程都是充实丰富的。早上6:00开始，魏猛便开始晨练，让自己保持较好的身体状态投入工作。上午实地训练之后，下午便固定开展理论测试和学习。魏猛每天一直学习和工作到深夜，对每一处细节都不断进行打磨，力求勘测出最为精确的结果。团队成员们都铆足了劲，力争在全国的比赛上取得让人满意的成绩。

　　作为水利专业的代表队，能代表全省参与测绘竞赛，这既是对他们专业能力的肯定，也是一种挑战。面对其他专业测绘队伍讶异的目光，魏猛他们并没有畏惧，而是发挥自己的专业能力，将两个月的练习成果毫无保留地展现在评委和对手面前。连日来的辛苦和汗水没有白费，魏猛和同事们代表湖北省长江水文局成功取得了前所未有的全国第五名的好成绩，团队的成员也获得了"大国工匠"的称号。当获得荣誉之后，魏猛觉得，这两个月的付出是完全值得的，尽管过程中遇到了大大小小的困难，但那都是通向成功道路上的垫脚石。

　　"团队成员具备责任感和很好的沟通能力是我们成功的关键因素。"谈到竞赛的成功，魏猛向我们坦言。除过硬的专业技术以外，能够准确且全面地将自己的观点表达出来，也是很重要的。魏猛向我们提及，在团队工作时，每个人都会提出自己的优化改正建议，如果两个人的建议正好互相补充，就会进一步推动团队向前进;但当团队出现争执时,便需要大家各自提升自己的沟通能力,将自己的观点清晰地阐释出来,提取各自观点中的可取之处,用于方案的修正和调整。在沟通过程中,也要注意说话方式,在尊重他人的前提下,协商调整各自的方案,更好推动团队向前。

随着时代的进步,测量设备也在与时俱进。魏猛说,现在的竞赛、测试更考验对新技术的掌握。他认为,因为技术要求的提高,对单人作业的能力要求也在提高。在测量领域,无人机等技术设备的出现,弥补了人工测量的缺陷,也对未来的人才提出了新的挑战。

过去的时光里,在参加大大小小比赛的过程中,魏猛常听、常看、常学。他常因为准备某次比赛而涉足自己从前不曾关注到的领域,学习到自己未曾了解过的知识,并能够成功运用到自己的日常工作之中。在他看来,这也是竞赛带给他的收获之一。在赛场上,他也会遇见许多不同领域的人才,学习他们身上的闪光点,并不断改掉自己身上的缺点,脚踏实地,一步一印。魏猛正是以这种坦诚的态度始终行走在这条大道之上,才会有如今履历之上的光辉。

永远都是"河海人"

尽管已经毕业多年,但当谈及自己在河海校园度过的 4 年时光,魏猛仍然记忆犹新。"我还清楚地记得当初自己第一次踏入河海校园的心情,紧张又兴奋。"上大学亦是当时的魏猛第一次出远门,独自一人拉着行李箱离开徐州老家来到南京求学,迎接他的是无尽的未知,伴随着未知一起而来的,便是对未来的懵懂与担忧。但好在河海很快打消了他的顾虑。河海在专业水平、教学能力等各方面都给予了魏猛足够的信心,魏猛在这个人生站点经历了许许多多的第一次,学习到了许多让他受益一生的知识与能力,在河海,他度过了人生至关重要的 4 年。"我从事的河道测绘方面的工作与我大学所学的专业知识是紧密相连的,大学 4 年所学到的知识是我后来可以在工作、竞赛的道路上越走越远的基础。"在魏猛心中,河海是一个足够优秀的平台,为自己的成长打牢了坚实的基础。

在魏猛的心里,河海大学始终占据着一个非常重要的位置,他对河海怀有着无比深厚的感情。每当他到南京出差时,只要有空余时间都会去河海校园看一看。魏猛如今在武汉工作、定居,鲜少回到江苏,回河海的机会也是少之又少,但幸运的是,在他工作的环境里有许多"河海人",魏猛在武汉每年都会参加河海校友的聚会,因此虽然与母校相距甚远,但他从未觉得自己与河海的联系被切断。2004级水文专业毕业十五周年的同学聚会便是在武汉举办的,身在武汉的水之子们牵头组织了这场聚会,近200人从不同的地方奔赴而来,将他们凝聚在一起,正是那份对河海独一无二的感情。

哪里有水,哪里就有河海人的身影。魏猛的工作与水文相关,因此在参与招聘工作时能接触到许多河海毕业的学子,"每个人都很优秀"是魏猛从专业角度对他们作出的评价。魏猛提到,每年单位从河海招进来的毕业生能力都很强,不需要过多的培训,任何工作只需要简单教一教,对方就可以很快掌握并出色完成。后辈的优秀让魏猛十分自豪和欣慰。优秀的学校孕育优秀的学子,他认为正是母校专业课程的合理设置以及丰富的实践活动造就了水之子们的优秀,他也期待着能在今后遇到越来越多从事水文工作的水之子们。

"现如今工作招聘对大学生的综合素质要求越来越高,大学生只有多活动、多实践才能更加适应社会的需求。"魏猛深知如今大学生求职的不易,工作多年的他认为,学生时期丰富的实践经历是毕业生们找到理想工作的敲门砖。在魏猛看来,大学时期的各类社会活动是不可忽视的,这些活动能够很大程度地开阔学生们的视野,提升学生们的学习能力和沟通能力,促进各项素质的全面提高。"我自己就十分遗憾在上大学时将全部的精力都只用于学业,没有去参加过任何社会实践活动,所以我经常建议现在的大学生们抓住机会去实践,这对个人的发展来说是很有必要的。"魏猛也愿意给予后辈们力所能及的支持,不久前,一位在河海就读的学弟想要来到魏猛所在的工作单位实习,魏猛欣然答应,为他提供了实习岗位。因为他明白,如果想要从事一个行业,那么必然要在进入这个行业之前,走出校园来看看这个行业究竟是什么样的,了解书本和实际到底有多大差距,从而明白自己要往哪些方向继续努力。恰是因为自己在学生时代缺失的部分、走过的弯路,让魏猛心生遗憾的同时更希望通过自己的建议,能让更多身处迷茫阶段的水之子们明确道路与方向,勉励他们积极参与社会实践活动,全方面发展自己,在以后的工作中获得更强的竞争力。

巍巍学府,教育英才。河海不间断地为社会输送着人才,魏猛亦是其中的一员。虽毕业多年,身处异乡,但他始终以为"河海人"而骄傲,时刻秉承着"艰苦朴素、实事求是、严格要求、勇于探索"的河海校训,践行着水利人的初心使命,为祖国水利建设事业献出了自己的一份力量,同时也带领着新一代的河海水利人茁壮成长!

(作　者:周佳颖　周文欣)

后记

带着扑鼻的墨香，本书终于与师生校友见面。书籍的出版，历经三年有余，跨越多个寒暑，每一段文字都注满心血，每一篇文稿都寄予厚望。这是我们共同的期待，是河海人共同的故事。

自2021年暑假以来，学校师生充分利用假期和课余时间，在北京、南京、扬州、武汉和丹江口等地，深入南水北调工程建设和运行管理现场，采访了数十位杰出校友。来自中国南水北调集团总部、长江水利委员会、江苏水源公司、江都水利枢纽、汉江集团等单位的校友对我们的采访邀约，不吝言辞、不厌叨扰，浓浓的校友情溢于一言一行。这些单位相关部门的领导悉心帮我们安排落实，细致帮我们改稿定稿，在此致以衷心的感谢。

在大家的共同努力下，此次我们成稿出版了30多位河海校友的奋斗故事，但囿于时间和篇幅，难免挂一漏万，未能全面完整地展示参与南水北调工程建设中所有河海人的风采，在此深表遗憾。同时，由于工程的复杂性、采访的深度、工作的专业度等方面限制，书中内容难免有所偏误，恳请批评指正，并予以谅解。

最后我们想说，正是由于他们的努力与奉献、执着与坚守、钻研与拼搏……唱响了这条碧水的时代凯歌！

本书编写组
2023年10月